# A POLÍTICA E O TST
# NA CONSTITUIÇÃO DOS
# DIREITOS DO TRABALHO

**Lígia Barros de Freitas**

Doutoranda em Ciência Política pela Universidade Federal de São Carlos – UFSCAR, com estágio de doutorado (bolsa sanduíche financiada pelo CAPES) no Centre de Recherches Politiques de Sciences Po em Paris, França, período de 09/2009 a 07/2010. Mestre em Ciências Sociais pela Universidade Federal de São Carlos – UFSCAR.

# A POLÍTICA E O TST NA CONSTITUIÇÃO DOS DIREITOS DO TRABALHO

**EDITORA LTDA.**

© Todos os direitos reservados

Rua Jaguaribe, 571
CEP 01224-001
São Paulo, SP – Brasil
Fone: (11) 2167-1101

Produção Gráfica e Editoração Eletrônica: Peter Fritz Strotbek
Projeto de Capa: Fabio Giglio
Impressão: Pimenta Gráfica e Editora
LTr 4314.7
Agosto, 2011

Visite nosso site:
www.ltr.com.br

---

Dados Internacionais de Catalogação na Publicação (CIP)
(Câmara Brasileira do Livro, SP, Brasil)

Freitas, Lígia Barros de
   A política e o TST na constituição dos direitos do trabalho / Lígia Barros de Freitas. — São Paulo : LTr, 2011.

   Bibliografia.
   ISBN 978-85-361-1754-6

   1. Assembleia Nacional Constituinte, 1987-1988 2. Brasil — Política e governo 3. Brasil. Tribunal Superior do Trabalho 4. Ciência política 5. Direito do trabalho 6. Justiça do trabalho — Brasil 7. Poder Judiciário I. Título.

11-04121                                 CDU-347.998:331(81)(094.7)

Índice para catálogo sistemático:

1. Brasil : Tribunal Superior do Trabalho : Poder judiciário trabalhista : Processo constituinte de 1987/1988 : Ciência política e Direito    347.998:331(81)(094.7)

*Aos meus queridos pais, Myrian e Orlando.*

***Agradecimentos***

*Em especial agradeço ao Professor Eduardo Garuti Noronha, que foi o orientador desta pesquisa no Programa de Pós-Graduação em Ciências Sociais na Universidade Federal de São Carlos, pela dedicação no seu acompanhamento e por sua amizade.*

*Agradeço aos professores Ricardo Corrêa Coelho, Fernando Antonio Farias de Azevedo e Andrei Koerner pelas valiosas contribuições na análise deste estudo.*

*Sou grata às amigas Karen Artur e a Luciana Andressa Martins de Souza pelo apoio e pelas sugestões.*

*Finalmente, agradeço ao Juiz Grijalbo Coutinho por acreditar que o trabalho era merecedor de publicação.*

# Sumário

**Siglas Utilizadas** .................................................................................................. 11

**Apresentação** ....................................................................................................... 13

**Prefácio** ................................................................................................................ 17

**Introdução** ........................................................................................................... 21

**Capítulo 1 — A ANC de 1987/1988: Contexto e Literatura** ............................ 27

1.1. Antecedentes históricos da Constituinte de 1987/1988 .............................. 27

1.2. Os trabalhos na Constituinte de 1987/1988 ................................................ 32

1.3. Literatura do Processo Constituinte ............................................................ 35

    1.3.1. Constituinte e os partidos políticos ..................................................... 38

    1.3.2. As questões trabalhistas vistas de diferentes ângulos no período da ANC .... 41

    1.3.3. Poder Judiciário e ANC: atuação dos *lobbies* ................................... 46

**Capítulo 2 — O Direito Sindical e o Direito Coletivo como foco da Ciência Política** . 50

**Capítulo 3 — A preocupação do TST com sua estrutura e competência** ...... 61

3.1. A busca pelo reconhecimento ....................................................................... 61

3.2. A defesa do TST pelo legislado ..................................................................... 68

    3.2.1. Sobre a organização da Justiça do Trabalho ...................................... 71

    3.2.2. Sobre temas gerais a respeito do Direito do Trabalho (individual e coletivo) e Direito Processual do Trabalho .................................................................. 79

    3.2.3. Sobre os direitos individuais ............................................................... 84

    3.2.4. Sobre os direitos coletivos e direitos sindicais ................................... 88

**Conclusões** ........................................................................................................... 95

**Referências Bibliográficas** ................................................................................. 101

**Periódicos** ............................................................................................................ 109

# Siglas Utilizadas

ANC — Assembleia Nacional Constituinte
Arena — Aliança Renovadora Nacional
CLT — Consolidação das Leis do Trabalho
CNBB — Confederação Nacional dos Bispos do Brasil
CRE — Conselho de Representantes
DIAP — Departamento Intersindical de Assessoria Parlamentar
DIEESE — Departamento Intersindical de Estatística e Estudo Socioeconômicos
FGTS — Fundo de Garantia por Tempo de Serviço
MDB — Movimento Democrático Brasileiro
MUP — Movimento Unificado Progressista
OAB — Ordem dos Advogados do Brasil
PCB — Partido Comunista Brasileiro
PCdoB — Partido Comunista do Brasil
PDC — Partido Democrata Cristão
PDS — Partido Democrático Social
PDT — Partido Democrático Trabalhista
PFL — Partido da Frente Liberal
PL — Partido Liberal
PMDB — Partido do Movimento Democrático Brasileiro
PSB — Partido Socialista Brasileiro
PSD — Partido Social Democrático
PSDB — Partido da Social Democracia Brasileira
PT — Partido dos Trabalhadores
PTB — Partido Trabalhista Brasileiro
STF — Supremo Tribunal Federal
TRT — Tribunal Regional do Trabalho
TST — Tribunal Superior do Trabalho

# *Apresentação*

Esta pesquisa tem como objetivo principal apresentar e analisar os debates travados no Tribunal Superior do Trabalho (TST), órgão de cúpula da Justiça do Trabalho brasileira, nos anos de 1979 a 1988, ou seja, do período da abertura política à Assembleia Nacional Constituinte (ANC). O estudo busca traçar quais são os assuntos que ganharam notoriedade na Justiça do Trabalho no momento de consolidação da democracia que culminou com a aprovação da Nova Constituição Federal e qual a sua correlação com os debates da Ciência Política da época. Com isso, almejamos estabelecer a relação entre os campos do Direito e da Política.

Na busca de mapear os assuntos que permearam a pauta da Justiça Laboral, analisamos discursos de Ministros, advogados, juristas de renome que se expressaram em eventos, tais como posses de Ministros do TST[1], homenagens prestadas em virtude de aposentadorias ou visitas de autoridades, conferências, seminários, congressos, em textos de doutrina jurídica[2]. Essa abordagem nos permitiu construir o objeto de estudo e verificar que a preocupação da Justiça Laboral com relação à elaboração da Constituição referia-se à sua estruturação e aos direitos individuais do Trabalho. Já os direitos coletivos do Trabalho e o Direito Sindical não despertaram maior interesse por parte do Judiciário Trabalhista.

Essa pauta da Justiça Laboral foi analisada por meio da Revista do Tribunal Superior do Trabalho, no período do ano de 1979 a 1988. Iniciamos a análise das publicações em 1979, por entender que no início do governo Figueiredo o tema "transição democrática" ganhou expressão ainda maior no debate[3]. A escolha do periódico em questão para a análise baseou-se no fato de tratar-se de publicação oficial do órgão de cúpula da Justiça do Trabalho, o que, por si só, demonstra a sua importância para traçar as discussões travadas no TST.

Como forma de melhor entendermos as especificidades dos debates do TST, analisamos também a agenda de pesquisas dos cientistas políticos na época em temas relativos ao trabalho. Assim, buscamos na literatura em Ciência Política, escrita na época da Constituinte, o peso dedicado aos estudos sobre as relações do trabalho e as proposições levantadas sobre os aspectos normativos do trabalho e sobre os aspectos

---

(1) A fim de se evitar em repetições desnecessárias, às vezes que aludirmos a Ministro, entenda-se Ministro do TST.

(2) Doutrina no meio jurídico é o nome atribuído aos estudos científicos na área do Direito.

(3) Principalmente após a extinção, por Figueiredo, do sistema bipartidário (ARENA e MDB) e implantação do sistema partidário pluralista, que permitiu que o tema redemocratização circulasse mais livremente na arena político-institucional.

institucionais do Poder Judiciário Trabalhista. Mostramos que, diferentemente da pauta da Justiça do Trabalho, a Ciência Política demonstrou maior interesse pelos assuntos pertinentes ao Direito Coletivo do Trabalho e ao Direito Sindical, principalmente, quando relacionados com os canais institucionais de participação dos trabalhadores que pudessem vir a ser garantidos constitucionalmente. Esse enfoque valorizava o desmonte da legislação sindical instituída na época Vargas, justificando-se para tanto que o sistema sindical, monopolizado pelo Estado, não se coadunava com os princípios democráticos. Os direitos individuais do trabalho, que na grande maioria também estavam instituídos desde o Estado Novo, e a estrutura do Poder Judiciário Trabalhista não foram temas objetos de estudos dos cientistas políticos na época de redemocratização.

A pauta da Ciência Política foi pesquisada, além de em livros e teses específicas sobre a Constituinte e sobre a conjuntura política do período, sobretudo, por meio das principais revistas periódicas na área de Ciências Sociais — *Revista Brasileira de Ciências Sociais, Lua Nova, Dados — Revista de Ciências Sociais*, BIB, *Revista de Ciência Política* — e por intermédio da Edição Especial, intitulada de *Constituinte, Estado e Sociedade*, do periódico *Arquivos do Ministério da Justiça*, que publicou três seminários com figuras eminentes na área política. As publicações dos dois primeiros periódicos na área de Ciências Sociais mencionados foram analisadas a partir do ano inaugural de suas publicações, respectivamente, em 1986 (*Revista Brasileira de Ciências Sociais*) e 1984 (*Lua Nova*) até o ano de 1988; as demais publicações no período compreendido entre os anos de 1983 a 1988. Justificamos a escolha por entender que os artigos na área da Ciência Política, os quais permearam esses periódicos e os assuntos tratados nos livros e teses, retratam os posicionamentos defendidos na época sobre as relações de trabalho e sobre sua normatização, além de contribuírem para contextualizar outros assuntos em debate na época da Constituinte.

Realizamos levantamento bibliográfico em Ciências Sociais sobre estudos que trataram do processo constituinte de 1987/1988, principalmente aqueles discutidos no TST nesse período. Isto é, buscamos os estudos que relacionam os direitos trabalhistas, sindicais e a estrutura do poder Judiciário com o processo constituinte de 1987/1988. Nesse ponto, constatamos que poucos na Ciência Política se dedicaram ao estudo sobre o processo decisório ocorrido na ANC de 87/88. A maioria dos trabalhos encontrados a esse respeito dedica-se a temas diversos do aqui tratado, tais como os partidos políticos, as aprovações de temas como a questão federativa, os direitos sociais da criança e do adolescente, a respeito do *lobby* militar e o papel dos ecologistas. Para o estudo, interessa a análise da literatura que tratou dos direitos trabalhistas, ainda que de forma secundária, como Coelho (1999), Gomes (1998), Noronha (2000), Fonseca (2003), e a literatura que tratou da relação entre o Poder Judiciário e a Constituinte, como Kerche (2002) e Bonelli (2002). Os cientistas políticos ainda não realizaram pesquisas que relacionassem o processo Constituinte de 1987/1988 com o Poder Judiciário Trabalhista.[4]

---

(4) Na seara do Direito, também não encontramos estudos que tratassem do tema.

Esta obra está organizada em três capítulos. No primeiro capítulo, objetivando contextualizar o período em que analisamos os discursos do TST, são apresentados os principais acontecimentos no processo de redemocratização, como se deram os trabalhos constituintes e o levantamento da literatura que tratou do processo constituinte.

No segundo capítulo, no intuito de demonstrar o peso da pauta trabalhista nas Ciências Sociais na época da Constituinte, apresentamos as discussões travadas pelos cientistas sociais sobre essas relações do trabalho e, de forma breve, os outros temas relacionados com a Constituinte.

No terceiro capítulo, tratamos especificadamente da Justiça do Trabalho. Inicialmente, apresentamos a história institucional da Justiça do Trabalho, a qual foi pesquisada basicamente nos periódicos da Revista do Tribunal Superior do Trabalho, de 1946 a 1978. Tal pesquisa permitiu-nos construir uma trajetória do pensamento jurídico laboral brasileiro, ainda que de forma menos apurada e detalhada do que o apresentado no período da Constituinte. Em um segundo momento do terceiro capítulo, adentramos no tema-objeto deste estudo, e analisamos de forma sistemática os debates travados no TST na época da ANC.

Na conclusão, demonstramos que a literatura em Ciência Política, contemporânea à época da redemocratização, não se dedicou aos estudos sobre os direitos individuais do trabalho e sobre a estrutura do Poder Judiciário Trabalhista. Entretanto, mostramos que esse foi o foco dos debates ocorridos no TST na mesma época. Também constatamos o desinteresse dos cientistas políticos em estudos a respeito da Assembleia Nacional Constituinte, havendo poucos trabalhos que a relacionam com a pauta sobre os direitos do trabalho e nenhum sobre a sua relação com o Poder Judiciário Trabalhista.

Na finalização da pesquisa, também chamamos atenção para a construção histórica da evolução do pensamento institucional da Justiça do Trabalho que traçamos desde a sua judiciarização, em 1946, até a publicação da Constituição Federal de 1988. Ademais, procuramos mostrar a necessidade de estudos pormenorizados que analisem como se comportaram outros atores que podem ter influenciado o processo constituinte na área laboral, como os sindicatos, os partidos políticos, Ministério Público do Trabalho, Departamento do Trabalho e o empresariado. Acreditamos que esses são passos necessários para, no futuro, realizarmos um estudo sistemático das áreas de interesses de cada um desses atores no que diz respeito à normatização das relações do trabalho no âmbito constitucional e a seus recursos políticos para fazer aprovar matérias segundo esses interesses. Enfim, isso possibilitará realizar a confrontação de interesses e poderes desses atores e, assim, contribuir para ampliar nossos conhecimentos dos processos de formação da agenda e decisórios da Assembleia Nacional Constituinte.

# Prefácio

Este livro estabelece um diálogo, ainda raro, entre a Ciência Política e o Direito do Trabalho. O foco principal de sua pesquisa é o papel do TST nas reformulações da área do trabalho entre 1979, tomado como marco inicial do processo de transição para a democracia, e a Constituinte de 1987-88. O objetivo da obra é apresentado pela autora como uma descrição dos *"assuntos que ganharam notoriedade na Justiça do Trabalho nesse período"*. Mas, o que este livro nos entrega é efetivamente uma nova interpretação da consolidação da Justiça do Trabalho no Brasil como um ramo especializado de um direito de natureza social, mais que econômica.

As principais fontes de pesquisa da autora são os artigos assinados pelos diversos juristas, especialmente ministros do TST, analisados por Lígia Barros de Freitas com a argúcia de uma pesquisadora em Ciência Política e conhecimento de doutrina jurídica. Nele a Revista do Tribunal Superior do Trabalho é analisada desde sua criação em 1946 até 1988, quando foi promulgada a nova Constituição. Os artigos da revista do TST são tomados como proxi da cultura do judiciário trabalhista brasileiro. Por meio dessa fonte, a autora também reconstrói a própria história da estrutura institucional do TST. Mas, seu argumento é de natureza política. O TST e o próprio Direito do Trabalho são vistos como derivados da tradição da doutrina jurídica brasileira somada aos interesses dos profissionais do direito da área do trabalho. Os mecanismos de "causalidade" da consolidação do TST mesclam, de forma equilibrada, as forças das ideias e dos interesses. Assim, sua abordagem aproxima-se mais da compreensão das interconexões de ideias e interesses ou entre heranças históricas que informam os atores e os problemas do tempo presente. Com esses procedimentos, a autora apresenta-nos o profissional do direito do trabalho (particularmente magistrados) como autor de si mesmo. Sua tese contraria aquelas que destacam a subordinação da própria Justiça do Trabalho aos interesses de governos ou empresários. Ou, no extremo oposto, aquelas que enfatizam seus vínculos com um sindicalismo 'pelego' ou 'governista'. Tais teses, embora possam ser ilustradas por diversos casos, são contraditórias entre si. Mais que isso, retiravam da cena o terceiro ator político da construção do Direito do Trabalho no Brasil: os juristas atuantes antes mesmo da criação do próprio TST em 1946. Além disso, a narrativa do livro é montada de forma a evidenciar a relação entre as etapas do processo de consolidação do TST com os períodos políticos do Brasil, explicitando, assim, a relação entre os períodos políticos e a "doutrina" analisada.

O primeiro capítulo do livro é dedicado à análise da literatura sobre a Assembleia Nacional Constituinte de 1987-88, ainda pouco estudada em vários tópicos, incluindo os temas trabalhistas. Mais surpreendente é a ausência de qualquer literatura que mostre a atuação indireta dos profissionais do direito no debate Constituinte. Apesar de sua característica 'cidadã', elogiada pelo presidente Ulisses Guimarães, e reconhecida por todos os analistas, seja por sua abertura a todos os grupos de interesse ou por sua ênfase em temas sociais, a Ciência Política ainda não tratou de um dos atores mais poderosos num processo constituinte: os profissionais do direito. É certo que pela definição e ética subjacente à divisão de poderes, o Judiciário deve manter-se afastado de qualquer ação propagandística ou lobista. Mas, o espaço do Direito do Trabalho é maior que o dos magistrados. Sua cultura é partilhada com outros profissionais como procuradores e advogados. E os advogados sempre representaram parte considerável dos parlamentares no Brasil, inclusive na Constituinte. Aliás, trata-se de um momento particular no qual Direito e Política se encontram. A Constituinte é um ato político, mas que tem como uma de suas principais formas de legitimação e validação a boa prática jurídica. É nesse sentido que a atuação indireta dos profissionais do direito tem peso natural e legítimo, e independente disso, inevitável. A pauta da Constituinte era ampla e, dada as características da transição brasileira, os temas da área do trabalho estavam entre os mais destacados, incluindo, é claro, o poder normativo da Justiça do Trabalho e sua própria estrutura institucional. São esses os temas mais mobilizados pelos profissionais do Direito – esse é o tema do Capítulo II.

Mas, a história da formação da cultura do Judiciário trabalhista é contada no Capítulo III, o mais importante e instigante do livro. Nele, por meio da doutrina publicada na revista do TST, Lígia de Barros Freitas constrói a história interna de afirmação do TST como órgão supremo de matérias trabalhistas. Adicionalmente, e também pelas matérias da revista, a autora nos mostra de forma insinuante e cumulativa a relação entre a consolidação de uma cultura do TST suficientemente coesa para se consolidar como o "Supremo" do trabalho e ao mesmo tempo manter uma ampla pluralidade de opiniões sobre as mais diversas matérias. Mas, posto que a consolidação do TST é um dos principais pilares do modelo legislado é razoável dizer que os profissionais do Direito do Trabalho no Brasil mantiveram-se coesos a despeitos de suas grandes diferenças doutrinárias.

A aproximação das disciplinas do Direito e da Ciência Política é relativamente nova no Brasil, em parte pela própria juventude da segunda. Durante a Constituinte de 1988, os cientistas políticos brasileiros começaram a pesquisar sobre o tema, seja porque a agenda da política se empunha ou porque noções de "engenharia institucional" ou, numa terminologia mais moderna, do "novo institucionalismo" crescia no Brasil e começava a entrar em nossos cursos de Ciência Política. A Sociologia do Trabalho, ou a "Ciência Política do Trabalho", das décadas de 1950 a 1980, tinha consciência das peculiaridades da estrutura corporativa brasileira. Enquanto os profissionais do Direito do Trabalho esforçavam-se para consolidá-lo como um ramo à parte do direito com seu tribunal com poder terminativo, os cientistas sociais dedicavam-se à crítica ao poder normativo do TST bem como aos poderes do Ministério do Trabalho. As críticas vinham menos dos liberais que da esquerda. Os primeiros eram pragmáticos demais para reclamar dos controles herdados da era Vargas; os segundos eram excessivamente frágeis para acreditar que um modelo contratualista seria mais favorável aos trabalhadores que o modelo legislado, nos quais o TST, o Ministério do Trabalho e, é claro, a lei (as Constituições e a CLT) garantem a dimensão tutelar do direito do trabalho, embora limitem o contrato coletivo. O tema, até então deixado aos especialistas em Direito Constitucional, entrou na agenda pública por meio de nossa constituinte cidadã. Os cientistas políticos deram-se conta da relevância do debate normativo característico da ciência jurídica. Ao mesmo tempo, a longa e polêmica Constituinte mostrava aos juristas a dimensão política e até mesmo popular do seu processo. Os profissionais do Direito e da Ciência Política passaram a ler a produção acadêmica vizinha e buscaram entender, compatibilizar ou mesmo superar a dicotomia normativa-analítica que caracterizam essas disciplinas.

O livro de Lígia Barros de Freitas é um dos belos produtos dessa nova geração "bilíngue". Graduada em Direito, a autora foi buscar em seus mestrado e doutorado (em fase de conclusão) em Ciência Política uma outra linguagem. Este livro é uma versão modificada de sua dissertação de mestrado defendida na UFSCar.

*Eduardo G. Noronha*

# Introdução

O constitucionalismo moderno, que se apoia no conceito jurídico desta instituição chamada constituição, volta-se para o controle do poder, com os freios impostos aos governantes.

> A constituição em sentido jurídico, embora apoiada na constituição social que traduz e espelha as forças sociais e econômicas do país, ordena, organiza e transforma a realidade em sistema de normas e valores, capazes de ditar regras no campo do dever ser. (FAORO, 1981. p. 10).

Segundo Faoro, a constituição social e a constituição jurídica constituem as duas faces da constituição política. Desta forma, a existência real de freios ao poder é ditada por meio do consentimento e das decisões dos destinatários do poder. É justamente neste consenso dos destinatários do poder que se distingue o conceito de Constituição a partir do século XX, especialmente após a Segunda Guerra Mundial, quando as constituições passam a ser também políticas, não apenas estatais, ou seja, agora, tratam também da legitimação do poder e não apenas da organização do Estado.

Segundo Bercovici (2004), a política se manifesta não apenas na instauração da Constituição, mediante o poder constituinte originário, mas também na efetivação da ordem constitucional. Esse autor elucida que esse novo conceito de Constituição, o qual ganha um caráter politizado e não fica mais adstrito apenas a sua normatividade, inicialmente proposto por Schmitt e Smend, dá origem à Teoria Material da Constituição, que permite compreender o Estado Constitucional Democrático a partir do conjunto total de suas condições jurídicas, políticas e sociais. Ou seja, para o autor, essa teoria permite compreender a Constituição em conexão com a realidade social.

O que assegura a legitimidade da constituição é a sintonia das normas constitucionais com a realidade do processo de poder. Além de a constituição ser juridicamente válida, pois foi elaborada segundo o procedimento legal para tal, ela deve também ser eficaz, ou seja, de fato ser aplicada à situação para qual foi feita.

Nesse sentido, segundo Souza (2003), para ser reconhecida como legítima, a Constituição deve "ter como fonte a participação dos eleitores pelos seus representantes" (p. 38). O poder constituinte deve dispor de regras que garantam a participação dos eleitos, de forma que estes possam expressar com liberdade as escolhas que fazem representando seus eleitores.

Neste quadro, a convocação de uma Assembleia Nacional Constituinte, corpo institucional responsável pela redação de uma nova Constituição, tem um papel relevante à medida que é um meio preventivo para limitar e controlar o poder, preparando a sociedade para a mudança política, por meio de uma moldura jurídica que fixará as regras de conveniência, definirá as liberdades individuais e os limites aos poderes. "É axiomático afirmar que, se todo o poder emana do povo, a atividade constituinte é que lhe confere expressão, revelando a raiz da legitimidade." (FAORO, 1981. p. 95)

Importante ressaltar o papel que uma Assembleia Nacional Constituinte assume nas definições do conjunto de regras especificando as disposições constitucionais que preventivamente determinam quais matérias podem vir a ser modificadas ou não. Segundo Melo (1998), é justamente neste ponto que reside o paradoxo constitucional da democracia, que consiste no engessamento de algumas matérias, que ou não podem ser modificadas pelo poder constituinte derivado (que é o poder que realiza reformas e emendas à Constituição) ou então necessitam de um quorum qualificado para sua aprovação, o que significa um mecanismo desenhado por gerações anteriores que constrangem ou inibem a manifestação da vontade democrática dos representantes políticos pela regra majoritária.

Ainda, segundo o mesmo autor, duas abordagens tentaram resolver esse problema relacionado com o constitucionalismo e a democracia: a escolha racional e o neoinstitucionalismo. A primeira abordagem explica que, como qualquer indivíduo racional, os constituintes agem para maximizar seus interesses; nesse sentido, aprovariam matérias relacionadas com o interesse de seus eleitores, com isso garantindo os princípios democráticos, para se reelegerem. Ocorre, entretanto, que se basear apenas nas preferências dos atores políticos não responde a um problema teórico, inicialmente proposto por Condorcet, que é o da impossibilidade de se extrair da agregação das preferências individuais a decisão coletiva, o que, porém, não condiz com a realidade, em que são identificadas decisões nos contextos decisórios.

A segunda abordagem, procurando explorar o papel das instituições, demonstra que essas garantiam resultados e influenciavam nestes[5]. Nessa linha, Jon Elster afirma que indivíduos racionais podem escolher, por exemplo, limitar suas próprias escolhas no futuro antecipando os seus próprios comportamentos irracionais, movidos, por exemplo,

---

(5) Fernandes (2002) divide a corrente da ciência política do novo institucionalismo em duas grandes subcorrentes:

1. a que utiliza o individualismo metodológico e que é considerada adepta da escolha racional; aqui estão inclusas as correntes da Escolha Pública e do Institucionalismo econômico. A primeira vê as instituições como dotadas de problemas de ação coletiva, dadas as inconciliáveis interações políticas não cooperativas entre os indivíduos. Dentre outros, estão nesta subcorrente: Tsebelis, Pzeworski, Elster. A segunda vê as instituições como sistema de regras capazes de superar os dilemas da ação coletiva, gerados por comportamentos oportunistas em transações sociais em contextos organizacionais hierárquicos, como Williamson e North;

2. institucionalismo sociológico, a que não utiliza o individualismo metodológico, entende a instituição como fruto de processo culturais, respondendo 'a necessidade de assegurar normas, valores, códigos e crenças adquiridos ao longo do tempo. As escolhas e as preferências institucionais são endógenas e não exógenas, dadas de antemão, como pensa a corrente da escolha racional. Dentre outros, nessa corrente estão importantes estudos de March e Olsen, Powel e Di Maggio.

por paixões. Ou seja, recorrem às constituições como mecanismos de imposição de regras para o futuro, o que garantiria a vida política democrática[6]. Entretanto, segundo esse mesmo autor, as escolhas constitucionais podem ser explicadas pela adesão a um critério substantivo de justiça, e não por suas consequências[7].

No caso brasileiro, a questão da convocação de uma Assembleia Nacional Constituinte ganha uma importância maior ainda, dado que sempre houve a elaboração de uma Nova Constituição nas transições políticas, especificamente para a volta de um Estado de Direito, nunca aceitando que a até então vigente continuasse vigorando. Assim foi em 1824, 1891, 1934, 1937, 1946, 1967 e 1988. Ao mesmo tempo, também faz parte de nossa cultura político-sociológica o fato de, mesmo em regimes autoritários, existir uma Constituição a fim de legitimar o poder, como aconteceu no regime militar.

Segundo Coelho (1999), a elaboração das constituições brasileiras demonstra dois aspectos contraditórios com relação à questão constitucional: ao mesmo tempo em que se atribui à Constituição o bom funcionamento do sistema político e a prosperidade do país (logo, dando-se a ela um enorme valor), há sua banalização por não considerá-la uma ordem superior que deva sobreviver às mudanças políticas. Entendemos que, do ponto de vista dos juristas brasileiros, realmente a alteração ou a mudança das constituições são vistas como a banalização de uma lei que deveria ser a mais imutável possível. Acontece que, sociologicamente, essas alterações e mudanças se justificam para acompanharem as evoluções sociais. Nesse sentido, a ideia de Constituição tem um caráter dinâmico, não mais limitado apenas a seu aspecto normativo.[8] Nas palavras de Bercovici:

> A Constituição não pode ser entendida como entidade normativa independente e autônoma, sem história e temporalidade próprias. Não há uma Teoria da Constituição, mas várias teorias da Constituição, adequadas à sua realidade concreta. (BERCOVICI, 2004. p. 22)

Como não poderia ser diferente, ao final de um regime político que se esgotava, o Regime Militar implementado em 1964, uma das questões que integraram a pauta da transição negociada para o Regime Democrático foi a convocação de uma Assembleia Nacional Constituinte, que ficaria encarregada de aprovar a Constituição Democrática.

Apesar do peso que o tema processo constituinte possui na história e na tradição brasileira, ainda mais num momento como este, em que o poder voltaria às mãos do povo soberano brasileiro, que foi durante mais de vinte anos de ditadura militar oprimido e

---

(6) Segundo a visão de Elster, importante não perder de vista que são os indivíduos que tomam as decisões, por meio de interações que ocorrem dentro e fora das instituições de que fazem parte.

(7) Sartori (1996), em uma crítica direta a Elster, diferentemente deste expressa que é possível prever os efeitos das estruturas institucionais, pois acreditar no contrário seria na prática a incapacidade de reformar. Para Sartori, Elster acredita estar tratando das mudanças institucionais, quando, na verdade, está tratando das políticas do Estado.

(8) É justamente neste conceito dinâmico das Constituições que são plenamente aceitáveis as reformas constitucionais que ocorrem no Brasil, por intermédio das emendas constitucionais.

privado de seus direitos e liberdade individuais e políticas, constatou-se que pouca atenção foi dada aos trabalhos desenvolvidos na Assembleia Nacional Constituinte de 1987-1988.

Coelho (1999) fez o levantamento da literatura na Ciência Política a respeito do assunto até o ano em que publicou sua tese de doutorado, intitulada "Partidos Políticos, Maiorias Parlamentares e Tomada de Decisão na Constituinte", em 1999, e verificou que, até aquele momento, pouca ou nenhuma atenção tinha sido dada a esse processo que resultou nas inovações inscritas na Constituição de 1988. Os estudos encontrados, que trataram do processo constituinte, relacionavam-se com a atuação dos partidos políticos e ainda assim foram feitos de forma pontual. A pesquisa de Coelho, entre outros pontos, demonstrou as regras que balizaram o jogo constituinte, especificando o funcionamento das diversas Subcomissões e Comissões responsáveis pela elaboração do Projeto de Constituição e como se davam as votações em Plenário.

Na mesma época, Gomes (1998) pesquisou o processo constitucional e formulou um modelo analítico baseado na hipótese de que o resultado do processo decisório derivou da combinação das preferências dos atores políticos e dos fatores institucionais. Aplicando o modelo na área laboral, o autor concluiu que as preferências e os fatores institucionais contribuíram para a constitucionalização de vários direitos do trabalho e para a preservação da unicidade sindical.

Após esses trabalhos, as pesquisas sobre a Assembleia Nacional Constituinte de 1987/1988 não prosperam de maneira satisfatória. Os estudos que trataram do processo constituinte e do Poder Judiciário são poucos e relegaram o tema para segundo plano, utilizando-se do cenário da Assembleia Nacional Constituinte para chegarem às conclusões a respeito de suas hipóteses principais.

Com isso, a produção nacional sobre o tema, apesar de escassa, tem apontado para a importância deste processo para as instituições democráticas brasileiras e para a necessidade de se ampliarem as pesquisas neste espaço tão pouco explorado.

Levando em conta este aspecto e a importância que o Direito do Trabalho teve na pauta política no período da abertura política à ANC, o presente estudo tem como objetivo demonstrar os temas em pauta no Tribunal Superior do Trabalho (TST) nesta época e apontar relações dos debates travados no Judiciário Trabalhista e no processo constituinte, principalmente em relação aos direitos trabalhistas e à estrutura da Justiça do Trabalho.

Justificamos a escolha da pesquisa recair sobre o Tribunal Superior do Trabalho pela importância que este detém sobre o direito trabalhista, assunto que ganhou grande destaque na Ciência Política da época, por ser o órgão de cúpula de uma Justiça Especializada sobre o tema. Ademais, também tem como finalidade contribuir para os estudos sobre as instituições judiciais brasileiras, campo pouco explorado, segundo Artur (2004), pela Ciência Política e pela sociologia do trabalho.

Neste trabalho não conseguimos provar que o TST foi essencial para aprovação dos direitos trabalhistas e dos dispositivos constitucionais que tratavam de sua estrutura, mas apontamos alguns indícios. Para se chegar a resultados mais conclusivos a esse respeito, faz-se necessário o estudo de outros atores que possam ter exercido pressões sobre os constituintes.[9]

---

[9] A observação torna-se mais consistente frente à constatação realizada por Souza (2003) de que houve uma bem-sucedida pressão fragmentada da sociedade civil sobre os constituintes. Isso, segundo a autora, foi resultado da falta de um projeto constitucional anterior das forças partidárias aliada ao anseio dos grupos e das associações de ver na Nova Constituição suas aspirações convertidas em direitos.

*Capítulo 1*

# A ANC de 1987/1988: Contexto e Literatura

## 1.1. Antecedentes históricos da Constituinte de 1987/1988

A aprovação da Constituição Cidadã[10], a Carta Magna do Brasil promulgada em 1988, foi vista como um dos momentos mais importantes do processo de transição do autoritarismo à democracia, que se deu ao longo de quinze anos, iniciando-se no governo militar de Geisel, que se comprometeu com uma transição "lenta, gradual e segura", e terminando com a eleição presidencial direta em 1989.

Dadas as circunstâncias em que a Constituição de 1988 foi promulgada, num momento de grandes transformações, que não só se limitavam ao campo da política, mas também à área social, com manifestações populares, sindicais e, na conjuntura econômica, primeiramente com a falência do Estado desenvolvimentista e, num segundo momento, com a tentativa de recuperação com o Plano Cruzado, se faz necessário apresentar os principais acontecimentos históricos nacionais e o contexto internacional da época da instalação da Assembleia Nacional Constituinte.

No cenário externo, o processo de transição democrático brasileiro coincidiu com a euforia de alguns países na América Latina do Sul, como a Argentina e o Uruguai, que até então se encontravam sob o autoritarismo dos regimes militares, com a possibilidade de pôr fim a esses regimes e instaurarem regimes democráticos, fase esta denominada por Huntington (1994) de terceira onda de democratização.

Justamente nesta época, as agências internacionais de financiamento, como o FMI e o Banco Mundial, que antes pregavam que o desenvolvimento econômico alavancaria o desenvolvimento social e o político, o que traria a democracia aos países autoritários, propõem que os pressupostos democráticos não são consequências naturais do desenvolvimento econômico, antes são desafios que as autoridades governamentais deveriam enfrentar no gerenciamento dos recursos do país rumo ao desenvolvimento. Ou seja, as agências internacionais invertem a relação desenvolvimento econômico-democracia, que até então pregavam, para afirmarem que seria a democracia que colocaria os países no rumo para os desenvolvimentos econômico e social.

---

(10) Denominação dada pelo então presidente da Assembleia Nacional Constituinte, Ulisses Guimarães.

O Brasil, fins da década de 1970 e início dos anos 1980, não obstante o avanço que alcançava na esfera político-institucional a caminho da redemocratização, enfrentava redução no ritmo de crescimento econômico, consequência do esgotamento do modelo econômico de substituição das importações, o que sinalizava que o milagre econômico e o modelo nacional-desenvolvimentista estavam próximos do fim.

Ademais, na esfera econômica, o país ainda enfrentava os impactos da crise mundial, que vinha se agravando desde o primeiro choque do petróleo em 1973 e com o fim do padrão dólar, e que chegou ao seu ápice com o segundo choque do petróleo em 1980. Características desse período foram o aumento das taxas inflacionárias, a diminuição do crescimento econômico, o aumento das taxas de juros internacionais e, consequentemente, o aumento da dívida externa.

Neste contexto, em que diminuía o poder dos sistemas econômico e político em conter as demandas sociais, há um aumento potencial dos conflitos sociais, entretanto, segundo Lamounier (1990), o processo de abertura política não teve nenhum momento de ruptura drástica, ao contrário, foi negociado, reduzindo os custos da descompressão.

Exatamente nesses anos agonizantes do regime militar, marcados fortemente com a crise interna do sistema, mobilizou-se a sociedade civil, assim como se ergue um movimento sindical reivindicativo, combinando ação sindical com ação política, o denominado "novo sindicalismo". Esse sindicalismo de confrontação agiu no sentido de exercer pressão na política salarial do governo, a qual estava sendo duramente criticada, e buscar maior autonomia para os sindicatos em oposição ao controle estatal nas ações sindicais.

Neste quadro, em que a abertura política já havia avançado consideradamente, coube ao último presidente militar, João Figueiredo, a iniciativa de medidas importantes para sustentar que a transição política fosse realmente possível nos moldes previstos por Geisel. Uma das providências mais importante foi a extinção dos dois únicos partidos permitidos na ditadura, MDB e Arena, para promover a inscrição de novas legendas, com isso, substituindo um sistema bipartidário por um sistema multipartidário.

Mesmo com essas medidas promovidas pelo governo Figueiredo, as eleições diretas para governadores de 1982[11] e, logo em sequência, o movimento das "Diretas-Já", no qual setores organizados da sociedade civil conseguiram levar às ruas milhares de pessoas para exigirem que fossem estabelecidas as eleições presidenciais diretas para o ano de 1984, revelaram a fragilidade do regime militar e anunciavam que seu fim estava bem próximo.

Apesar de o Movimento de "Diretas-Já" não conseguir o seu propósito principal — a eleição direta para presidente — ele foi muito importante para demonstrar que o povo brasileiro almejava mudanças institucionais com o novo horizonte da redemocratização.

---

(11) Venceu a oposição nos governos estaduais mais importantes — São Paulo, Rio de Janeiro, Minas Gerais e Paraná.

Nesse clima, em 15 de janeiro de 1985, o Colégio Eleitoral elege Tancredo Neves, candidato da Aliança Democrática[12], como o primeiro presidente civil após o golpe militar de 1964. O presidente eleito indiretamente, de plano, se comprometeu com a agenda da transição, declarando a intenção de convocar uma Assembleia Nacional Constituinte. Com a morte de Tancredo, José Sarney, empossado na presidência da República em 1985, iniciou as reformas programadas.

No campo econômico, o governo Sarney teve um efêmero prestígio com o plano Cruzado, que em 1986 foi o responsável pela popularidade que o presidente adquiriu junto ao povo, quando a política econômica conseguiu temporariamente estabilizar os preços.

No campo político, o novo presidente encaminhou projeto de emenda ao Congresso Nacional para a instauração da Assembleia Nacional Constituinte, prevendo que o Congresso Nacional iria acumular as funções de Constituinte e dos trabalhos legislativos ordinários, logo, que não seria nomeada uma Assembleia exclusivamente para a elaboração da Constituição.

Os pontos polêmicos no debate a respeito da Convocação da Constituinte, nesse período de transição democrática, encontravam-se dentro da questão da legitimidade da própria convocação, ou porque esta se daria num período em que ainda vigoravam as normas constitucionais antidemocráticas do regime militar, com isso havendo limites à liberdade de organização dos atores políticos que viessem a concorrer às eleições, ou porque havia a intenção de se atribuírem poderes constitucionais ao Congresso Nacional em vez de convocar Constituinte com poderes exclusivos.

Num primeiro momento, concomitantemente com o movimento das "Diretas-Já", nos anos de 1984, como bem apontou Almino Afonso (1984), o tema sobre a Convocação da Constituinte não ganhou a centralidade dos debates da sociedade civil. Foi apontado marginalmente só "por professores e, mais ainda, só por advogados" (p. 18) e, de todos os modos, relacionou-se o assunto com o poder político capaz de resolver problemas da conjuntura brasileira naquele instante: desemprego, inflação, defasagem dos salários, saúde pública, má distribuição de terras. O pouco do que foi levantado a respeito tratou sobre a legitimidade dos constituintes se fossem eleitos naquele momento.

As opiniões contrárias, geralmente expressadas por militantes de partidos de esquerda, advogavam o argumento de que a Constituinte escolhida naquele momento não seria representativa e soberana, pois lhe faltava a ampla liberdade de expressão e organização. Apontavam que não apenas os partidos de esquerda tinham sua existência negada, como também os trabalhadores não podiam se organizar de forma livre dadas as amordaças da lei sindical; desta maneira, uma Constituinte eleita nestas condições, em que as correlações de forças não eram favoráveis aos trabalhadores, somente poderia resultar numa nova Carta que não atenderia às reivindicações democráticas dos trabalhadores. Como solução, propõe-se que antes era preciso a instituição da liberdade, da

---

(12) A aliança Democrática era formada pelo partido oposicionista PMDB e pelo PFL (formado pelos dissidentes do PSD).

autonomia sindical, do direito de greve, da liberdade de organização partidária, do financiamento público dos partidos, do voto para analfabetos e militares e da revogação da Lei de Segurança Nacional.

Já as opiniões favoráveis à convocação da Assembleia Nacional Constituinte, no geral, promoveram sua defesa por acharem-na uma prioridade indiscutível, mesmo naquele contexto de restrições à soberania popular, porém, sempre faziam as ressalvas de que eram necessárias as reformas apontadas pelos oposicionistas. Entretanto, clamavam pela união das forças populares para que conseguissem, por meio da pressão, uma Constituinte com uma margem maior de liberdade.

Vencido este primeiro momento, após o governo Sarney sinalizar sua intenção de eleger um Congresso Nacional com poderes Constituintes, a discussão centrou-se nas duas alternativas de convocação de Assembleia Nacional Constituinte: a Congressual ou a Exclusiva. Neste período, houve uma participação da sociedade civil no debate, assim como no meio político.

De maneira geral, a Constituinte Congressual somente era defendida pela cúpula do PMDB e pelo Palácio do Planalto, que acreditavam que esta forma diminuía os riscos na escolha dos parlamentares que redigiriam a nova Constituição, dado que seria seguida a legislação eleitoral já existente.

Os outros partidos políticos, inclusive a ala dos "autênticos" do PMDB[13], e organizações da sociedade civil, representada por órgãos de classe, como a Confederação Nacional dos Bispos do Brasil — CNBB e a Ordem dos Advogados do Brasil — OAB, que não conseguiram a mobilização popular, foram veementemente contrários. Os argumentos contrários a um Congresso Constituinte, de maneira geral, eram que os seus membros, não sendo exclusivamente constituintes, não se comprometeriam verdadeiramente com programas e ideias e, sim, estariam amarrados com a estrutura do poder vigente. Neste sentido, as palavras de Moisés (1985):

> Em realidade, o projeto do governo Sarney não é um projeto real de convocação da Constituinte. Apesar do cinismo do nome e da solenidade com que se quis revestir o ato de seu anúncio, trata-se de uma proposta destinada a enfatizar o que já existe, a atribuir poderes de ampla reforma da Constituição ao Legislativo. (p. 11)

O Congresso Nacional, após algumas artimanhas, como a de substituir o relator da emenda citada, Flávio Bierrenbach, que era favorável à realização de um plebiscito para o povo escolher entre as duas formas de Assembleia Constituinte, aprova, no final do ano de 1985, a Emenda à Constituição então vigente, a de 1967, prevendo a instalação da Assembleia Nacional Constituinte Congressual para fevereiro de 1987. As principais críticas foram no sentido de que a fórmula utilizada acabou por elidir a

---

(13) Esta seria a ala mais à esquerda do PMDB, aqueles que não passaram por nenhum outro partido além do MDB. Entretanto, a cúpula do PMDB defendia a ANC Congressual.

questão da soberania popular, principalmente no que se refere aos senadores "biônicos", pois tiraram o poder da massa de confirmar ou não os direitos dos senadores que foram eleitos em 1982, que, agora, fariam parte da Constituinte.

Segundo Coelho (1999), esta aprovação "significou a vitória do Governo, com a colaboração do PMDB, preocupado com a redução dos riscos externos que poderiam advir com a nova Constituição".

O autor mencionado explica que a votação para eleger os parlamentares de um Congresso Constituinte seguiria as normas vigentes, portanto, já conhecidas, tornando mais previsível a sua composição. Diferentemente, se a escolha tivesse recaído em uma ANC exclusiva, as regras para a seleção dos constituintes seriam instituídas, podendo gerar uma composição muito distinta do Congresso Nacional.

Paralelamente, o presidente Sarney nomeia uma Comissão Provisória de Estudos Constitucionais, presidida por Affonso Arinos, para elaboração de um anteprojeto da Constituição para ser futuramente entregue à Assembleia Nacional Constituinte, o que também ensejou oposição, optando a Constituinte por não utilizá-lo para balizar seus trabalhos.

A Assembleia Nacional Constituinte, instalada em 1º de fevereiro de 1987, era formada por 487 deputados federais, 46 senadores que foram eleitos no pleito eleitoral de 1986 e 23 senadores que já tinham sido eleitos em 1982, cujos mandatos iriam até 1990. Importante ressaltar que as regras eleitorais seguidas para a composição da ANC foram as do regime militar, o que, ao ver de muitos, favoreceu os partidos do Governo; assim, o PMDB conseguiu 54,56% dos assentos e o PFL, que também fazia parte da coalizão governamental, tornou-se o segundo maior partido na Constituinte.

Conforme entendimento de Lima, da bancada do Partido Comunista:

> Todavia, a eleição de 1986 para a Constituinte realizou-se num quadro de sérias limitações. Em primeiro lugar, houve coincidência da eleição para a Constituinte com o pleito para os governos dos estados, o que quer dizer, houve a subordinação da eleição para a Constituinte à eleição majoritária dos governadores. Ou seja, a eleição dos governadores foi a que polarizou a opinião pública e, com isso, a eleição dos constituintes teve caráter secundário: relaciona-se a este fato o grande número de votos brancos e nulos, cerca de 40% dos computados para os deputados federais constituintes. Essa foi a primeira deformação do processo eleitoral da Constituinte.
>
> Como se isto não bastasse, as normas eleitorais do regime autoritário restringiram a representatividade eleitoral dos estados mais populosos e, consequentemente, do eleitorado mais progressista, e valorizavam a dos estados menos populosos, politicamente mais atrasados — os conhecidos "grotões". (Lima, 1988)

## 1.2. Os trabalhos na Constituinte de 1987/1988

A primeira discussão que divide os constituintes em Plenário relaciona-se com a votação do Regimento Interno. A clivagem assim ficou, segundo Coelho (1999): progressistas de um lado, reunindo os parlamentares do PT, PDT, PSB, PCB, PC do B e da esquerda do PMDB; e a moderados do outro, agregando parlamentares do PDS, PFL, PTB, PL, PDC e da direita do PMDB.

O ponto de maior embate relacionava-se com a soberania da ANC sobre a Constituição vigente, o que não acabou sendo aprovado, ficando determinado que a Constituinte teria o poder de suspender a vigência de artigos da Constituição vigente que interferissem em seus trabalhos, porém, não poderia alterá-la.

Segundo Coelho, a manutenção da Constituição de 1967 e, consequentemente, do procedimento para a aprovação de legislação infraconstitucional, acabou por instituir um canal indireto para que o Presidente da República influenciasse as decisões da Constituinte, pois, como os constituintes acumulavam também as funções legislativas ordinárias, nas quais o Presidente da República possui iniciativa e direito de veto, acabavam por considerar as intenções presidenciais a respeito da nova Constituição para que trabalhos parlamentares legislativos não fossem prejudicados pelo poder presidencial de veto.

Outro ponto de disputa na elaboração do regimento interno da ANC foi sobre a necessidade ou não da elaboração de um anteprojeto, fruto de uma comissão especial, como no processo constituinte de 1946, para balizar os trabalhos constituintes. Entretanto, a ideia de um anteprojeto foi de plano preterida pelos constituintes, cientes de que não tinham um modelo para fazer a Constituição, dada a falta de memória histórica compartilhada e sistematizada desse processo. Segundo Souza (2003), a esse argumento de falta de memória compartilhada se juntou a insuficiente socialização do debate sobre os temas da Constituinte durante o processo eleitoral de 1986, o que fez com que prevalecesse uma "exploração inventiva" na perspectiva de montagem de um modelo decisório, que deveria dar conta de apenas um pressuposto: o de que todos os constituintes deveriam participar do processo em curso.

Aprovado o primeiro Regimento Interno, foram instituídas vinte e quatro subcomissões que apresentariam suas propostas para oito Comissões Temáticas que, por vez, formulariam os anteprojetos à Comissão de Sistematização, que levaria a discussão para o plenário geral da ANC.

As Comissões e Subcomissões, a primeira fase do processo constituinte, tiveram como função principal a de prospecção, por coletar os insumos básicos e elaborar anteprojetos; já a comissão de sistematização, segunda fase, como o próprio nome diz, teve função de sistematizar os anteprojetos da primeira etapa em anteprojeto da constituição; e o plenário, a terceira fase, que ocorria no plenário, cuja função principal foi a definição do texto constitucional.

A distribuição dos constituintes entre as Subcomissões e as Comissões deveria guardar a proporcionalidade existente entre o número total de parlamentares do partido na ANC. Esta regra trouxe vantagem ao PMDB, que nas subcomissões, por ser maioria, sugeria texto final segundo seus interesses. Entretanto, se caso não conseguisse isto ali, poderia fazê-lo nas Comissões Temáticas.[14]

O PMDB novamente levava vantagem pelo fato de se concentrar na Comissão de Sistematização, isso porque esta não apenas tinha o poder de reunir e votar os temas propostos pelas Comissões Temáticas e enviar para aprovação em plenário da ANC, mas também podia incorporar em seu projeto emendas que já haviam sido rejeitadas nas Comissões e Subcomissões, o que seria facilmente aceito pelo plenário, já que somente poderia apresentar emendas tratando de pontos específicos, sendo que a votação era em bloco (capítulos e seção). Em outras palavras, o plenário votaria um grande número de matéria de uma vez só, dado que era em bloco, sendo assim, se um constituinte quisesse levantar objeção a algum ponto que já tivesse sido aprovado, juntamente com os demais dispositivos do Título ou capítulo que estava incluso, deveria ter a maioria do plenário manifestando-se de igual maneira, senão o ponto permanecia na norma constitucional.

A Comissão de Sistematização tinha como relator o deputado Bernardo Cabral (PMDB/AM), quatro relatores adjuntos, a saber: os senadores Fernando Henrique Cardoso, Wilson Martins, José Inácio Ferreira e o deputado Nelson Jobim, todos do PMDB. Ademais, contava com oito relatores de campo, que eram os representantes de cada uma das Comissões Temáticas: deputados Adolpho Oliveira (PL), Sandra Cavalcanti (PFL), Joaquim Bevilacqua (PTB), Renato Vianna (PMDB), Vivaldo Barbosa (PDT), Nilson Gibson (PMDB), Konder Reis (PDS) e senador Virgílio Távora (PDS). O relator Bernardo Cabral assumira publicamente uma posição progressista, que foi sentida na formulação do Anteprojeto da Constituição: os pontos que a maioria conservadora havia conseguido aprovar nas Subcomissões e Comissões foram reformulados para integrar o anteprojeto.

Após a apreciação de 977 das 5624 emendas e das adequações necessárias, Bernardo Cabral elaborou projeto que foi encaminhado, em 9 de julho de 1987, para votação na Comissão de Sistematização, sendo que aí foi facilmente aprovado, sem discussão, e enviado para ser votado em plenário, onde haveria a votação em dois turnos.

Segundo Souza (2003), a comissão de sistematização foi uma espécie de sucedâneo do que seria uma comissão especial para elaboração de um anteprojeto, isto porque, se, num primeiro momento, foi rejeitada a ideia de uma comissão que apresentasse um anteprojeto para Constituição em que os temas seriam apresentados com coesão, sistematicidade e sem contradições, nesta fase do processo constituinte tornava inarredável a necessidade de uma comissão sistematizadora, dado o modelo decisório fragmentado.

---

(14) Coelho (1999) ressalta que havia alguns motivos que influenciavam a escolha das Comissões e Subcomissões, a saber: trajetória profissional do parlamentar, interesses privados, interesses regionais. Para mais informações, ver páginas 32-34.

Após emendas do plenário e de iniciativa popular, a Comissão de Sistematização elabora o primeiro substitutivo, em fins de agosto, e o segundo substitutivo, em 19 de setembro de 1987. Finalmente, em 18 de novembro do mesmo ano, encerraram-se as votações na Comissão de Sistematização e foi apresentado o projeto "A" da Constituição.

Frente à vantagem que o PMDB tinha por dominar a Comissão de Sistematização, concedida pelo Regimento Interno, a maioria dos parlamentares moderados, estimulados pelos da direita do PMDB, se uniram para fazer oposição e para solicitar a mudança do Regimento Interno; desta forma, criou-se um grupo suprapartidário denominado Centrão.

O Centrão tinha uma eficiente organização interna, o que lhe possibilitou elaborar o Projeto de Resolução, que foi responsável pela alteração do Regimento Interno, e elaborar também um substitutivo integral ao Projeto de Constituição apresentado pela Comissão de Sistematização da ANC.

Já com as novas regras do regimento interno, que garantia à maioria dos parlamentares apresentar substantivos integrais ao projeto apresentado pela Comissão de Sistematização e possibilitava a apresentação de emendas coletivas, em coautoria, e a fusão de emendas, que começaram a vigorar em 5 de janeiro de 1988, o plenário realizou os dois turnos de votação, de 27 de janeiro a 22 de setembro de 1988.

Ademais, matéria destacada para votação em separado, para constar no texto constitucional, deveria ter sido aprovada por maioria absoluta, e o relator da Comissão de Sistematização não poderia mais intervir no texto oriundo do Plenário; apenas deveria dar parecer pela rejeição ou aprovação dos substantivos, emendas coletivas, em coautoria.

Outra inovação trazida pela alteração do regimento interno foi a possibilidade de um terço dos constituintes requererem a manutenção de destaques solicitados no texto constitucional, porém, com a necessidade de serem aprovados pela maioria absoluta. Isso permitiu o descolamento da "arena de decisão da Comissão de Sistematização para o plenário, alterando também com isso a posição relativa dos jogadores no segundo tempo do jogo constituinte". (COELHO, 1999. p. 147)

Se pelas normas anteriores a matéria em destaques do projeto sugerido pela Comissão de Sistematização somente poderia ser modificada ou substituída com a aprovação em plenário com um quorum de 252 votos, com as novas regras para as partes destacadas pelos parlamentares do projeto sugerido pela Comissão de Sistematização, passa a ser necessário o quorum de 252 votos para permanecer o texto original. Souza (2003) apontou que, com as novas regras, ocorria o que ficou denominado pelos constituintes de "buraco negro", que eram os espaços vazios na Constituição sobre algumas matérias, que não conseguiram a obtenção da maioria absoluta para permanecerem no texto original, mas também não contaram com a ação de alternativas mais consensuais.

## 1.3. Literatura do Processo Constituinte

A literatura que trata do processo Constituinte propriamente dita é escassa. Coelho (1999) já fez esta observação quando tratou do assunto em 1999, sendo que, de lá para cá, o panorama pouco se alterou:

> Embora a Constituinte marque o ponto de inflexão que separa o Brasil do autoritarismo do Brasil democratizado, expandindo os direitos da cidadania nos campos político, econômico e social, redefinindo as relações entre Legislativo, Executivo e Judiciário e redesenhando as relações entre Estados, Municípios e União, pouca ou nenhuma atenção foi dada a esse processo que resultou nas inovações inscritas na Constituição de 1988. (COELHO, 1999. p. 8)

Após ter feito um balanço da literatura sobre o assunto nas Ciências Sociais, este autor aponta que os poucos estudos sobre o processo constituinte[15], até aquela época, foram feitos de forma pontual e se fixaram na atuação dos partidos na Constituinte, sempre chegando à mesma conclusão: os partidos políticos eram amorfos, e na Constituinte predominaram a barganha clientelista, o fisiologismo e os *lobbies* em detrimento da negociação aberta. Esses estudos reproduziam a visão do cidadão comum formada pela imprensa da época, qual seja, uma visão "antipartidária". Neste aspecto, o citado autor foi o primeiro a apontar que os partidos políticos na ANC foram suficientemente coesos nos momentos decisivos.

Um trabalho que tratou diretamente do processo constituinte nessa mesma época, e não foi citado por Coelho[16], o qual para o presente estudo tem grande importância, pois foi o único que focou o estudo da ANC sobre questões trabalhistas, foi o de Gomes (1998), que demonstra como as preferências e os fatores institucionais contribuíram

---

[15] Os autores e as obras estudados por Coelho foram: FIGUEIREDO, Argelina; LIMONGI, Fernando (1995). Partidos políticos na Câmara dos Deputados, 1989-1994, *Dados*, v. 38, n. 3.
KINZO, Maria D'Alva Gil (1990). O quadro partidário e a Constituinte. *Revista Brasileira de Ciência Política*, v. 1, n. 1.
MACIEL, Maria Lúcia (1990). Constituinte e transição. *Sociedade e Estado*, 5 (2): 193-199.
MAINWARING, Scott; PÉREZ-LIÑÁN, Aníbal (1996). *Party discipline in multiparty system*: A methodological note and an analysis of the brazilian constitutional Congress. Paper (prepared for delivery at the 1996 Annual Meenting of the American Political Science Association, august 29-september 1).
MENDES, Isabel (1990). Tecnologia, capital e nacionalismo na Constituinte. *Sociedade e Estado*, 5 (2): 227-238.
MONCLAIRE, Stéphane; BARROS FILHO, Clóvis de (1988). *A política da constituinte: de fevereiro/87 a março/88*. Brasília: Instituto Tancredo Neves.
MOTTER, Paulino (1994). *A batalha invisível da Constituinte*: interesses privados versus caráter público da radiofusão no Brasil. Brasília, UnB. [Dissertação de Mestrado].
PIERUCCI, A. (1989). Representantes de Deus em Brasília: a bancada evangélica na Constituinte. *Ciências Sociais Hoje*, 1989. São Paulo: ANPOCS.
SAMUELS, David J. (1996). *Legislative Lilliputians? Toward a theory of party cohesion in the brazilian Chamber Of Deputies*. Paper (prepared for delivery at the 1996 Annual Meeting of the American Political Science Association, august 29-september 1).

[16] Os trabalhos de Coelho e o de Gomes são realizados na mesma época; talvez por esse motivo Coelho não o tenha citado.

para garantir a constitucionalização de vários direitos dos trabalhadores e para preservar o instituto da unicidade sindical.

Após esses trabalhos, as pesquisas a respeito da Assembleia Nacional Constituinte e do processo Constituinte de 1987/1988 não progrediram de maneira satisfatória. Encontramos na Ciência Política sobre o processo decisório constituinte, propriamente dito, mas em diversificadas áreas que não a dos direitos trabalhistas, as seguintes pesquisas: Souza (2001), que analisa as votações nas diferentes etapas da ANC sobre a questão federativa, a decisão de descentralização do poder político e do financeiro para as esferas subnacionais, chegando à conclusão de que as decisões coletivas não prevaleceram na Constituinte, mas sim de que houve a prevalência de atores individuais sobre os coletivos. Pinheiro (2004), que, tentando compreender a dinâmica de circulação de representações sociais da criança e do adolescente, entre os atores sociais que participaram da Assembleia Nacional Constituinte de 1987-1988, constatou um distanciamento entre a produção constituinte e a Constituição; Costa (1999), que tratou do *lobby* militar junto a ANC; Silva (1994), que demonstrou o papel dos ecologistas na ANC; Pilatti (2008), que analisa como o processo constituinte possibilitou que uma minoria produzisse uma Constituição progressista, apesar da maioria conservadora da ANC.[17]

Mais recentemente, a Ciência Política começou a despertar para o tema da ANC. Nessa nova fase, duas importantes obras coletivas foram publicadas em 2008: *A Constituição de 1988 na vida brasileira*[18], organizada por Ruben George Oliven, Marcelo Ridenti e Gildo Marçal Brandão, e *Vinte anos de Constituição*, organizada por Sérgio Praça e Simone Diniz. Ambas trazem sortidos temas, como os três Poderes, o Ministério Público, direitos humanos, direitos ambientais, direitos de minoria, o direito previdenciário, a comunicação. No geral, analisam as consequências da Constituição de 1988 e alguns estudos reportam à ANC. Especificadamente sobre direitos do trabalho, há o texto de Ramalho (2008) e Diniz e Noronha (2008), respectivamente.

---

(17) Encontramos alguns trabalhos sobre a ANC em outras áreas do conhecimento, sendo muito significativo o número de pesquisas na área da Educação: CRAIDY, Carmem Maria. Questões da criança na Constiuinte. Cadernos ANPED (1), 37-42, 1989; SOUZA, Nilce Gomes de. E assim se falou da mulher nos bastidores da Constituinte. *Impressões*, 1(2), 44-8, 1989; FERNANDES, Ana Maria. Comunidade Científica e a Constituição: a atuação da Sociedade Brasileira para o progresso de Ciência. *Educação Brasileira* 10 (2):341 345, jul./dez. 1988; PEIXOTO, Maria do Carmo Lacerda. Ensino Superior e ANC: o público e o privado mais uma vez em questão. *Em aberto* 8(45): 43-49, jul./set. 1989; TABAK, Fanny. *Nova ordem Legal*: mulheres na constituinte. Rio de Janeiro, NEM, PUC-RJ, 161P, 1989. Na área da saúde, encontramos a obra: FARIA, Tatiana Wargas de. *Dilemas & Consensos*: a Seguridade Social Brasileira na Assembleia Nacional Constituinte de 1987/1988 — um estudo das microrrelações político-institucionais entre saúde e previdências social no Brasil. Tese de Mestrado em Saúde Coletiva pelo Instituto de Medicina Social da Universidade do Estado do Rio de Janeiro, 1997. Este último trabalho, a que tivemos acesso na fase conclusiva da presente dissertação, teve como um dos objetivos a análise da atuação dos atores políticos, na Assembleia Nacional Constituinte de 87/88, responsáveis pelo desenho constitucional dado à Previdência Social. A autora concluiu que as negociações políticas estiveram compromissadas com os interesses particulares dos setores técnicos envolvidos no debate da reforma do Estado, e não com os interesses sociais que ali se inseriram.

(18) Esse primeiro livro foi publicado simultaneamente ao 32º Encontro Anual da Associação Nacional de Pós--graduação em Ciências Sociais (ANPOCS), em 2008, cujo tema foi a Constituinte de 1988.

Os estudos que tratam do processo constituinte e do Poder Judiciário são poucos e relegam o tema para segundo plano, utilizando o contexto da ANC como pano de fundo para reforçar uma hipótese central, que, no caso do estudo de Kerche (2002), é sobre o *accountability*, ou a falta dele, na atuação do Ministério Público pós-1988, e as suas implicações para o regime democrático, e, no estudo de Bonelli (2002) sobre a profissionalização dos membros do Ministério Público.

Estes estudos fazem a relação com a Assembleia Nacional Constituinte via a atuação dos *lobbies* e sua eficácia para a aprovação das matérias que lhes interessavam. Em ambos os casos, mostram a pressão exercida pelos membros do Ministério Público sobre os constituintes, entretanto, em posições opostas, pois, enquanto Kerche defende que a maior autonomia adquirida por esta instituição se deve a vontade dos parlamentares, Bonelli credita as normas constitucionais que ampliaram o poder do Ministério Público ao poder do *lobby* que atuou neste sentido na ANC.

Depois de Gomes (1998), especificadamente na área dos direitos trabalhistas na ANC, não foram realizados estudos que centrassem essa questão, entretanto, existem algumas contribuições pontuais sobre o tema, geralmente inserido em trabalhos cujo objetivo primeiro seja outro. Noronha (2000), estudando as relações de trabalho pela ótica das instituições, objetivando demonstrar que na área do trabalho prevalece no Brasil o modelo legislado, em que a lei é mais importante na definição dos principais direitos do trabalho que os contratos coletivos, contribui para o estudo da ANC na área do trabalho quando demonstra a atuação dos sindicalistas no processo constituinte.

Trabalhos mais recentes na área dos direitos trabalhistas foram realizados por Diniz e Noronha (2008), que defendem que a constitucionalização de direitos trabalhistas e sindicais pode ser vista como a etapa final das atividades sindicais que se iniciaram em 1970, e por Ramalho (2008), que analisa as conquistas trabalhistas na Constituição de 1988.

Da mesma forma pontual, Coelho (1999), objetivando demonstrar a coesão dos partidos políticos na ANC por meio de situações concretas, exemplifica o comportamento de dois partidos políticos que reivindicavam para si a herança do trabalhismo brasileiro, o PTB e o PDT, na votação em plenário sobre os direitos trabalhistas.

Por fim, há um estudo que não trata diretamente da ANC, mas dos direitos trabalhistas vistos pelos editoriais de quatro importantes jornais perante a ordem social da Constituinte de 1987/1988, que, segundo o autor, Fonseca (2003), apesar de algumas divergências, foram uníssonos em defender a retirada do Estado na regulação dos Direitos Trabalhistas individuais, porém não nas questões quanto à greve.

Após uma busca exaustiva da literatura do processo constituinte nas ciências políticas, constatamos que os poucos trabalhos que estudaram a ANC e o Poder Judiciário foram os que focaram o Ministério Público, acima elencado. Se são poucos os estudos que focam a ANC, quantidade menor ainda os que relacionam a ANC e o Poder Judiciário; há um vazio quando o tema é ANC e o Poder Judiciário Trabalhista.

Para a consecução do objetivo do presente trabalho, interessa expor a literatura que tratou dos direitos trabalhistas, ainda que de forma secundária, como Coelho, Gomes, Noronha, Fonseca, e a literatura que tratou da relação do Poder Judiciário com a Constituinte, como Kerche e Bonelli.

### 1.3.1. Constituinte e os partidos políticos

Para Coelho (1999), os resultados desses estudos com relação ao funcionamento dos partidos políticos na ANC foram influenciados pela visão estereotipada que predominou na imprensa na época da Constituinte. Assim, propondo um instrumental analítico que leva em consideração que a Constituinte de 1987/1988 tem a particularidade de ser Congressual e que nela há tomada de decisões coletivas, chegou à conclusão de que os partidos políticos não são amorfos e inconsistentes e de que na época da ANC os partidos foram suficientemente coesos para momentos decisivos e não blocos apartidários.

Coelho, explicando o pressuposto teórico dos princípios gerais que orientam as decisões coletivas, aponta que durante a Constituinte, pelo fato de todas as questões terem de ir a plenário, ainda que fossem aprovadas por unanimidade nas Comissões e Subcomissões temáticas, muitas foram decididas com baixo custo decisório por não apresentarem alto risco externo. Isso significa que as questões que já vinham sendo discutidas e aprovadas nas fases anteriores, quando chegavam a plenário, eram de pronto aprovadas. O baixo risco se deve também ao caráter não controvertido destas matérias votadas.

Entretanto, algumas questões dividiram os constituintes e para estas os custos decisórios foram grandes. Pode-se citar, entre outras, a questão da extensão dos direitos do trabalho e a unicidade/pluralidade sindical, a extensão da reforma agrária, a propriedade dos recursos naturais estratégicos (gás, petróleo, minerais), a exploração do sistema financeiro, etc.

Considerando as particularidades do contexto decisório, Coelho menciona que os fatores que o compõem são de duas ordens: os objetivos e os simbólicos. Os fatores simbólicos seriam as expectativas que tanto os agentes internos, de uma arena decisória, como os agentes externos têm a respeito dos resultados a serem alcançados, ou seja, seria o imaginário político coletivo, em que os elementos de ordem conjuntural importam.

Já as particularidades do contexto de ordem objetiva seriam a amplitude de poderes, o grau de autonomia decisória desta arena e a posição dos decisores em relação ao *status quo*. A amplitude de poder determina as matérias sobre as quais a arena tem o poder de atuação. O grau de autonomia é fundamental para os cálculos dos decisores, sendo que os sistemas bicamerais como o nosso limitam a autonomia de cada uma das câmaras se comparados com a autonomia de um parlamento unicameral. Já o *status quo* significa a maneira como certa matéria está regulada.

Aplicando os conceitos para a Assembleia Nacional Constituinte, Coelho entende que seus poderes eram amplos, sem qualquer limitação a sua esfera de ação, a autonomia era total, dado que as decisões tomadas pelos constituintes não dependiam da aprovação de qualquer outra instituição ou do povo, e, por fim, inexistia *status quo*, uma vez que sua função era construir uma nova ordem legítima.

Nesta situação em que o *status quo* é inexistente, não há poder de veto, porque aos atores políticos somente é dada a opção de ação, diferentemente do que ocorre nas situações em que há *status quo*, e a opção de escolher entre este ou a mudança. Neste sentido, Coelho defende que não existia *status quo* no contexto decisório da Constituinte, embora isso não quisesse dizer que os decisores fossem insensíveis às pressões ou às influências externas. No caso, a Constituição de 1967 acabou por informar as alternativas dos atores, o que é muito diferente de um *status quo* que serve de referência.

O autor explica que as decisões coletivas são tomadas em concurso com as ações individuais. Assim, ao interesse do partido, que explica a composição das comissões parlamentares na ANC e o resultado da produção legislativa, incorporam-se as decisões individuais do próprio constituinte, que pode se basear ou nos seus interesses particulares, em informações que possui, ou em seus interesses regionais.

Os interesses particulares estariam calcados na escolha racional do parlamentar, que seria basicamente o interesse de se reeleger. Assim, para este fim, o parlamentar buscaria integrar a comissão que lhe facilitaria atender aos anseios de seu eleitorado. Por esse motivo, os parlamentares com atividades empresariais concentraram-se nas Subcomissões ligadas aos seus interesses econômicos, e os parlamentares que eram trabalhadores fabris se concentraram nas Subcomissões dos Direitos dos Trabalhadores e Servidores Públicos e nas dos Direitos Políticos, Direitos Coletivos e Garantias.

O parlamentar também pode levar em consideração para a escolha das Subcomissões e Comissões a sua origem regional, assim, procura escolher aquelas que, com sua ação, possa beneficiar a sua região. Neste sentido, na ANC, as Subcomissões que compunham a Comissão de Organização do Estado eram as que mais interessavam aos constituintes representantes dos Estados mais pobres (Norte/Nordeste), e a Subcomissão de Questão Urbana e Transportes, mais diretamente ligada aos problemas das regiões mais urbanizadas, foi constituída por quase a metade de parlamentares da região Sudeste.

Já as informações podem influenciar este processo de escolha das comissões, vez que o parlamentar escolherá as que tratem de assuntos sobre os quais possua conhecimento e, no processo legislativo, influenciam porque são distribuídas assimetricamente. Assim, os parlamentares estão suscetíveis de mudar suas opiniões no curso do debate constituinte, em que os argumentos são contrapostos e pesados.

Os parlamentares que foram guiados pelo móvel informação para a escolha das Comissões e Subcomissões levaram em consideração a sua formação profissional e/ou a sua trajetória político-profissional. Ilustrando: os advogados ou bacharéis de Direito, apesar de maioria na ANC, se concentraram mais nas Subcomissões ligadas a sua área de conhecimento, como na Subcomissão dos Direitos Políticos, Direitos Coletivos e Garantias, Subcomissão do Poder Executivo e Subcomissão do Poder Judiciário. Já a Subcomissão de Tributos, Participação e Distribuição de Receita era alvo de parlamentares que já haviam sido prefeitos, governadores, secretários municipais, dado que a questão de descentralização de recursos para os estados e municípios lhes haviam tomado as atenções quando nestes cargos.

Apesar de a composição das comissões ser explicada fundamentalmente no móvel partidário, o que explica para o autor por que "um parlamentar de um certo partido integra uma determinada comissão, e não outra, é, na maioria dos casos, a determinação do próprio parlamentar, seja essa determinação movida por seus interesses particulares ou pelas informações que possui". (p. 84)

Neste quadro, a distribuição dos parlamentares entre os partidos na ANC não é aleatória. Os partidos reuniam constituintes que tinham uma percepção compartilhada do seu posicionamento e uma trajetória partidária e uma inserção socioeconômica consistente com sua posição. Para demonstrar isso, o autor, valendo-se da autoclassificação ideológica dos constituintes[19], segundo a qual os deputados eleitos para a Constituinte foram solicitados que se autoidentificassem entre cinco categorias (sendo que o índice nos extremos é 1, para direita radical, e 5 para esquerda radical), aponta que os partidos se alinham num *continuum* esquerda-direita, na seguinte ordem: PT, PDT, PMDB, PTB, PFL e PDS, sendo que, após o aparecimento do PSDB, partido formado com os egressos do PMDB, as posições relativas dos partidos não se alteraram; vejamos: PT, PDT, PSDB, PMDB, PTB, PFL e PDS.

Quanto à trajetória partidária, Coelho notou que os parlamentares ex-arenistas eram em maior número nos partidos mais à direita neste espectro, ocorrendo o inverso com os ex-emedebistas. Assim, no PT não havia nenhum ex-arenista e no PDS não havia nenhum ex-emedebista.

Já com relação à atividade socioeconômica, o estudo revela que no gradiente partidária o porcentual de operários era decrescente quando se caminhava do PT ao PDS, ocorrendo o contrário quanto ao número de empresários nestes mesmos partidos. Nos extremos, não foram encontrados nenhum operário fabril no PDS e nenhum empresário no PT.

Enfocando que na Constituinte houve tomadas de decisões coletivas, Coelho aponta que, antes do Regimento Interno ser alterado, o PMDB tinha assegurada a hegemonia no processo constituinte, aprovando texto de sua preferência, isso porque, além de ocupar todos os cargos de relator nas Comissões temáticas, 13 dos 15 cargos

---

(19) A autoclassificação ideológica dos constituintes faz parte de pesquisa realizada por Leôncio Martins Rodrigues, em *Quem é quem na Constituinte*: uma análise sócio-política dos partidos e deputados, publicado em 1987, em São Paulo, pela OESP – Maltese.

de relator das subcomissões, a presidência de 15 das 24 subcomissões e ser maioria na Comissão de Sistematização, contava com regras do regimento que lhe favoreciam.

Desta forma, neste período, com as regras favorecendo a cúpula do PMDB, as matérias que estes conseguissem fazer aprovar na Comissão de Sistematização certamente seriam aprovadas em plenário, visto que em plenário não era possível apresentar projetos substitutivos e as emendas possíveis eram pontuais. Isso favorecia à esquerda, pois a cúpula do PMDB era inclinada ideologicamente para ela. Ao contrário, com estas regras, a direita dificilmente poderia retirar do texto constitucional matéria que lhe desagradasse.

Com a alteração do Regimento Interno, em que ficou determinado que o plenário poderia apreciar e votar um Projeto da Constituinte alternativo ao elaborado na Comissão de Sistematização e com a exigência de aprovação por maioria absoluta de destaques solicitados por pelo menos um terço dos constituintes para manutenção no texto constitucional, a cúpula do PMDB teve de negociar com o centro-direita, que contava com a maioria dos parlamentares. Importante ressaltar que, mesmo após o aparecimento do Centrão e da alteração do Regimento interno, o PMDB continuou sendo o partido hegemônico da Constituinte, o que mudou foi a correlação de forças entre os constituintes, pois agora o PMDB necessitaria firmar alianças com outros partidos e mesmo procurar apoio com todas as facções internas do seu próprio partido.

Fazendo um balanço das votações nominais em plenário, Coelho, aplicando os conceitos de coesão partidária e fidelidade partidária — que não são a mesma coisa, pois enquanto o primeiro refere-se à relação entre a maioria e a minoria de uma mesma bancada, o segundo refere-se à relação entre o líder partidário e a bancada —, chegou a algumas conclusões, com a finalidade de apontar que, para a aprovação do texto constitucional, os partidos tinham de ser capazes, em plenário, de conseguir a maioria; vejamos: 1. na coalizão vencedora de centro-direita, os partidos de direita apresentavam índices de coesão e fidelidade bem mais elevados que os seus índices médios, e os partidos de esquerda apresentavam índices bem mais baixos que os seus índices médios, e vice-versa. Demonstra com isso que tanto a fidelidade como a coesão partidária não são propriedades invariáveis dos partidos; 2. o PMDB sempre apresentava um índice médio de fidelidade e coesão partidária, quer aliado à esquerda, quer à direita, o que mostra o papel central deste partido nas votações; 3. os partidos de esquerda apresentavam os maiores graus de coesão e fidelidade partidária, os de centro, sobretudo o PMDB, níveis médios, mas sendo decisivos nas votações; 4. enquanto para o PT os altos índices da coesão e a fidelidade partidária serviam para demonstrar publicamente a força e a unidade do partido, para o PMDB, serviam apenas para aprovação de matérias, valor eminentemente instrumental.

### 1.3.2. As questões trabalhistas vistas de diferentes ângulos no período da ANC

A fim de demonstrar suas conclusões a respeito do comportamento dos partidos na ANC, Coelho (1989) explica que o comportamento dos dois partidos políticos que disputavam a herança do trabalhismo brasileiro, PDT e o PTB, durante a votação em plenário, foram diferentes. Enquanto o PDT valeu-se de uma estratégia programática, o PTB agiu pragmaticamente.

O PDT decidiu se colocar a favor do direito trabalhista de estabilidade no emprego e exigiu fidelidade de sua bancada[20]. Apesar de a direção do partido saber que a emenda que visava instituir a estabilidade desde o primeiro dia no trabalho não tinha chances de ser aprovada, posicionou-se de tal maneira para receber os dividendos políticos pela intransigente defesa aos trabalhadores. Desta forma, o PDT ficaria com os bônus de haver votado a favor, enquanto o Centrão seria responsabilizado pela derrota em plenário desse direito.

Já com o PTB a estratégia foi outra. Ideologicamente mais próximo dos partidos de direita, mas atuando no mesmo campo de representação — dos interesses dos trabalhadores — dos partidos mais à esquerda, o PTB buscou apoio da direita em questões trabalhistas que acreditava ser possível aprovar (geralmente as questões que eram menos progressistas na visão da esquerda), isso para ficar com o bônus pelas aprovações.

Ademais, outra estratégia do PTB, visando às eleições de 1988 para o Executivo Municipal, nas quais muitos deputados federais disputavam o cargo para prefeito, foi liberar o voto quanto às questões trabalhistas para esses parlamentares, que colheriam melhores frutos em curto prazo com as eleições municipais se votassem com a esquerda. Tanto isso ocorria que as notas atribuídas pelo Departamento Intersindical de Assessoria Parlamentar (DIAP)[21] para seus parlamentares variavam muito, como Francisco Rossi e Joaquim Bevilacqua, candidatos em 1988 a prefeito de Osasco e São José dos Campos, respectivamente, os quais obtiveram a nota máxima pela DIAP, ou seja, nota 10, enquanto o líder do partido, Gastone Righi, recebeu apenas 6,5.

Tendo por objetivo a aprovação de direitos trabalhistas de sua autoria em benefício dos trabalhadores, o PTB chamava à mesa de negociação o centro e a direita. Procedendo assim inúmeras vezes, "o PTB acabou se tornando no eixo articulador e formulador daquilo que entrou para a Constituição como avanços nas áreas sociais e do trabalho". (COELHO, 1989. p. 245)

Noronha (2000), apesar de ressaltar que a expansão e o detalhamento dos direitos do trabalho na Constituição de 1988 seguiam uma tendência geral do novo ordenamento constitucional que detalhou outras matérias, atribuiu isto a duas hipóteses: 1. as convicções doutrinárias da tradição CLTista da maioria dos parlamentares; 2. a pressão exercida pelos sindicalistas que preferiram reproduzir o modelo legislado de relações do trabalho a abrir espaço para um modelo contratualista, em que o negociado prevaleceria. A segunda

---

(20) O PDT tinha alto índice de coesão, que, segundo Coelho, era conseguido por meio de coação aos parlamentares "rebeldes". Essa coação se dava mediante pressão psicológica, que, quando chegava ao extremo, forçava o parlamentar que não agisse segundo as orientações das lideranças partidária a deixar o partido.

(21) O DIAP funcionou como um órgão de pressão dos sindicalistas sobre os parlamentares para as questões trabalhistas à medida que deu publicidade das votações de cada constituinte a esse respeito.

hipótese se sustenta, segundo o autor, no fato de os sindicalistas terem previsto ou intuído a pauta desregulacionista do emprego nos anos 1990.

A pressão exercida pelos sindicalistas se deu por meio do DIAP, que agiu em três frentes: unificando os sindicalistas em propostas comuns, atuando de fato como representantes dos sindicalistas dentro do Congresso e dando publicidade à atuação dos parlamentares na mídia. Segundo Noronha, o DIAP foi o responsável pela postura uniforme regulacionista dos sindicalistas e pela coesão destes em estratégias para inserir os direitos do trabalho na Constituição.

> A introdução de novos direitos e a elevação do status de direitos sociais para o nível constitucional foi a forma como os constituintes responderam à agenda de transição e mantiveram o padrão legislado das questões do trabalho. (NORONHA, 2000. p. 66)

Segundo, ainda, o mesmo autor, o corporativismo Varguista, em que se vivenciava a supremacia do interesse nacional representado pelo Estado sobre os indivíduos, havia sido minado na Constituição de 1988, mas não naquilo que lhe antecedia, ou seja, a preferência pela lei ao contrato. Agora, o modelo havia se tornado mais legislado do que era antes; na expressão do autor, o modelo migrou do legislado-corporativo para o legislado "pluralista".

Gomes (1998), aplicando seu modelo teórico que leva em conta os fatores institucionais e as preferências dos constituintes, formulado para o processo decisório da ANC, tenta com ele entender o estranho resultado da política constitucional de 1988, que representou, ao mesmo tempo, uma vitória das forças renovadoras do movimento sindical, com a constitucionalização de inúmeros direitos sociais, e a manutenção do corporativismo de Estado no tocante aos direitos sindicais, principalmente com a manutenção da contribuição obrigatória e do princípio da unicidade sindical.

Igualmente a Noronha (2000), Gomes viu o DIAP como um canalizador da ação sindical na forma de um eficiente grupo de pressão. O DIAP contava com a experiência de assessoramento parlamentar às entidades sindicais desde 1983 e com um grupo de 40 técnicos de diversas áreas para a realização de uma pauta consensual, o que lhe permitiu apresentar uma pauta inicial de direitos que deveriam vir aprovados na Nova Constituinte, que uniu as entidades sindicais e veio quase que inteira subscrita pela Subcomissão dos Direitos dos Trabalhadores e Servidores Públicos; são eles: estabilidade, jornada de 40 horas, direito de greve e salário mínimo. Essa força sindical, juntamente com as forças partidárias, que Gomes denominou, respectivamente, de constituintes não oficiais e constituintes oficiais, forma os principais atores da política constitucional das relações do trabalho.

Gomes subdivide a pauta trabalhista em duas, que, segundo ele, corresponderam em parte à estratégica do movimento sindical e, em parte, à variação que afetou efetivamente o alinhamento de forças. São elas: 1. pauta I, a do Direito dos Trabalhadores, em que estavam inclusos os direitos à aposentadoria proporcional, autoaplicabilidade dos direitos constitucionais dos trabalhadores, aviso-prévio, comissão de fábrica, estabilidade no emprego, férias, direito de greve, direito de greve no serviço público, participação dos trabalhadores nos órgãos que tratam de seus interesses, piso salarial, prescrição dos direitos trabalhistas, quarenta horas semanais, salário mínimo; 2. pauta II, que tratava da autorização pública para a criação de entidade sindical, da contribuição sindical, dos direitos do dirigente sindical, da igualdade de direitos sindicais para trabalhadores rurais e urbanos, da interferência estatal na vida sindical, da liberdade de filiação, da liberdade sindical, da obrigatoriedade de participação do sindicato na negociação coletiva e da unicidade sindical.

A pauta I proporcionou a união do movimento sindical, em que o DIAP foi um instrumento eficaz. Entre as forças constituintes oficiais, a pauta I gerou a clivagem progressistas (parte do PMDB (MUP), PT, PDT, PSB, PCB, PCdo B, PTB) *versus* conservadores (parte do PMDB, PFL, PDS, PL, PDC, depois da reforma do Regimento Interno o Centrão), que representou a clivagem trabalho *versus* capital.

Já na pauta II houve um realinhamento tanto entre os constituintes oficiais como entre os sindicalistas. Quanto a esses assuntos referentes à organização sindical, a estratégia do DIAP foi se omitir. Os constituintes não se agruparam em torno da clivagem capital/trabalho, mas sim em torno da disputa pluralista (PT, parte do PMDB, do PFL, do PDS, do PTB e do PL) *versus* unicistas (PDT, parte do PMDB, do PFL, do PDS, do PTB e do PL), o mesmo se dando quanto às forças sindicais.

Quanto aos aspectos institucionais, Gomes demonstra o peso de influência destes para o processo decisório, pois são eles que delimitam o campo de atuação dos constituintes. Assim, a fase dos trabalhos nas Subcomissões e Comissões Temáticas caracterizou-se por especificidade dos trabalhos e pelo fácil acesso da sociedade aos constituintes oficiais. A fase do plenário caracterizou-se pela generalidade de temas, insulamento dos atores constitucionais oficiais, com participação indireta da sociedade. Os trabalhos desenvolvidos pela Comissão de Sistematização tiveram características intermediárias. O resultado dessas características foi que a pauta que seria objeto de decisão do Plenário foi produzida pelas fases do processo decisório ocorridas nas Comissões e Subcomissões.

Ainda quanto aos aspectos institucionais, Gomes aponta que as regras de proporcionalidade partidária na composição das comissões, a regra da prerrogativa do líder partidário de indicar os membros das comissões e a regra da composição da Comissão de Sistematização — relatores e presidentes das Comissões e relatores das Subcomissões — possibilitaram a hegemonia dos progressistas (para a pauta I) e dos unicistas (para a pauta II) na Subcomissão dos Direitos dos Trabalhadores e Servidores Públicos, na Comissão da Ordem Social e na Comissão de Sistematização. Em Plenário, houve o aumento das incertezas quanto às forças e aos temas em jogo, o que na prática aprofundou o problema de processo decisório coletivo, sendo necessária para saná-lo a criação de mecanismos informais de coordenação, que foi o Colégio dos Líderes[22].

---

(22) O Colégio dos Líderes consistiu em reuniões informais entre os líderes partidários que definiam a pauta de votação e realizavam as negociações e concessões possíveis, acertando de antemão muitos assuntos que seriam cotados favoravelmente, ingressando desse modo na Nova Constituição.

Concluindo, Gomes quis demonstrar como os atores políticos reagiram frente aos constrangimentos impostos pelas regras de funcionamento da ANC e como o comportamento deles também se pautou mediante a relação que mantinham com os eleitores cujos interesses representavam.

Por fim, dentre as diferentes visões sobre a aprovação das matérias constitucionais trabalhistas, o trabalho de Fonseca (2003) contribuiu para lançar luz sobre a postura assumida pela imprensa na época da Constituinte de 1987/1988. Analisando os editoriais de grandes periódicos diários — quais sejam, *Jornal do Brasil*, *O Globo*, a *Folha de S. Paulo* e *O Estado de S. Paulo* —, chega à conclusão de que, apesar de algumas divergências, como, o *Jornal do Brasil* e *O Estado de S. Paulo* seguirem uma tradição doutrinária liberal em termos políticos e econômicos e *O Globo* e a *Folha de S. Paulo* serem desprovidos de doutrinas — pragmáticos, na questão que envolvia a relação capital/trabalho, eram unânimes na baixa propensão ou mesmo reação à introdução de novos direitos trabalhistas.

Para a grande imprensa, representada por esses quatro jornais principais, alguns direitos sociais propostos, como a ampliação da licença-maternidade e paternidade, a diminuição da jornada de trabalho, o aumento do valor de hora extra, eram tidos como catastróficos para a produção, inócuos porque não seriam respeitados e ameaçavam os direitos antes conquistados, pois com a instituição deles não haveria atração ao capital de investimento e aumentaria o desemprego. Na mesma linha de posições homogêneas, a grande imprensa veementemente vetava o direito de greve. Para tanto, vinculava às greves ao exercício da chantagem por parte dos trabalhadores a presença de revolucionários oportunistas atrás dos movimentos e dos sindicatos.

A imprensa reagiu a algumas vitórias na área trabalhista dos constituintes mais de esquerda, desqualificando suas ideias, seus interesses e mesmo esses constituintes, bem como concitando os patrões e os conservadores a agirem e a se organizarem para derrotarem o adversário. Geralmente, a estratégia utilizada era a de universalização dos interesses particulares (do patronato, do capital)[23] como se estivessem defendendo os interesses da opinião pública, o que demonstrava os próprios limites do projeto democrático dos grandes jornais brasileiros naquele período.

Trabalho mais recente sobre os direitos dos trabalhadores na Constituinte foi realizado por Diniz e Noronha (2008), que apontam que a constitucionalização de muitos direitos trabalhistas e sindicais foi a etapa final das atividades sindicais, que se iniciaram em meados da década de 1970 com o revigoramento do movimento sindical, Na época da Constituinte houve uma grande pressão do movimento sindical para inclusão no texto Constitucional de preceitos básicos das condições de trabalho, deixando de lado temas não consensuais, como a unicidade ou pluralidade sindical.

---

(23) Segundo o autor, a grande imprensa, ao mesmo tempo em que se opunha aos direitos sociais, assumia claramente a visão do mundo patronal, até porque a grande imprensa era ela própria proprietária do meio de produção jornalístico.

Os autores ratificam o que a literatura sobre a Constituinte já afirmava, que o processo decisório dentro da ANC foi marcado por dois momentos: o primeiro, dos trabalhos das Comissões e Subcomissões, segundo as normas do primeiro Regimento Interno, aprovado no início de 1987, em que atuaram as forças progressistas; e o segundo momento, que se iniciou com aprovação do projeto da Constituição na Comissão de Sistematização e depois com a votação em Plenário, já com as normas regimentais de funcionamento da Constituinte alteradas, após a formação do Centrão, em que prevaleceram as forças conservadoras.

Nesse sentido, o estudo aponta que, se antes das alterações no Regimento interno, provocadas pelo Centrão, o ônus para ver aprovadas as matérias trabalhistas, segundo seus interesses, era da ala mais conservadora, a situação se inverte a partir do momento em que entra em vigor o novo regimento. Os temas mais polêmicos postos em votação foram sobre a estabilidade no emprego, os limites da jornada de trabalho, o pluralismo ou unicidade sindical. Concluem que os assalariados receberam muitos benefícios, mais do que poderiam pensar que conseguiriam, entretanto, mantiveram-se dois princípios cerceadores dos direitos sindicais: unicidade e imposto sindical.

Ramalho (2008), em estudo que realiza um balanço das conquistas trabalhistas na Constituição de 1988, destaca os seguintes aspectos: 1. definição ampla de direitos sociais que abrange a educação, a saúde, o trabalho, a moradia, o lazer, a segurança, a previdência social, a proteção à maternidade e à infância e a assistência aos desamparados; 2. unificação de trabalhadores urbanos e rurais e melhorias em suas condições de trabalho; 3. liberdade de associação profissional ou sindical, para trabalhadores urbanos e rurais, incluindo os funcionários públicos; 4. direito de greve; 5. participação dos trabalhadores e sindicatos, assim como empregadores em colegiados dos órgãos públicos; 6. representação dos trabalhadores por local de trabalho.

### 1.3.3. Poder Judiciário e ANC: atuação dos lobbies

Kerche (2002), objetivando analisar o Ministério Público brasileiro e sua autonomia em relação aos poderes político-partidários dos Estados, ou seja, estudando o processo de judicialização da política, ou mesmo a negação da política[24], pesquisa a construção institucional do Ministério Público na Assembleia Nacional Constituinte de 1987/1988.

O autor demonstra que o Ministério Público brasileiro teve aumentada a sua autonomia política e suas tarefas na Constituição de 1988, porém, sem a contrapartida, que é a possibilidade de seus membros serem responsabilizados, por agentes externos, pelos seus atos indevidos, o chamado *accountability*. Aponta que a existência de mecanismos internos de responsabilização não é suficiente numa democracia.

---

(24) Segundo o Kerche (2002), a judicialização da política é "a transferência de tarefas tradicionalmente pertencentes às esferas político-partidárias do Estado (Executivo e Legislativo) para o Poder Judiciário". Já a negação da política: "é a transferência de uma série de questões para que a burocracia tome decisões (aumentando sua discricionariedade)". (p. 2)

O estudo mostra que seria exagerado alegar que houve uma abdicação absoluta de tarefas por parte dos políticos em relação ao Ministério Público na Constituição de 1988, pelo fato de esta atribuir aos promotores e procuradores de justiça, além de seu papel tradicional — ação penal —, a função de exigir o correto cumprimento da lei e de fiscalizar se os agentes públicos agem com probidade na administração dos bens públicos. Isto porque na abdicação absoluta é necessário que ocorra total ausência de mecanismos por parte dos políticos para alterarem propostas e iniciativas dos membros do Ministério Público, sendo que, no caso, a Lei de Responsabilidade Fiscal (ato do governo federal) limitou a relativa independência orçamentária do Ministério Público.

Por outro lado, segundo o autor, também não há como ser aceita a hipótese de delegação das novas tarefas aos integrantes do Ministério Público, pois houve a criação de instrumentos que dificultam a intervenção do governo ou do Legislativo nos rumos da organização, como de não haver na Constituição ou na Lei Orgânica do Ministério Público previsão de controle externo.

Nesse sentido, Kerche resolve a questão propondo que esta situação se trata de "*quasi*-abdicação", que seria um fenômeno intermediário, com "alto grau de autonomia, embora com alguns poucos instrumentos de controle e *accountability*". (p. 64)

Menciona que o Ministério Público é uma instituição única que desempenha diversos papéis. Assim, na sua função clássica, qual seja, a de propor ação penal pública para crimes comuns, o grau de discricionariedade é baixo, dado que, segundo o princípio da legalidade, o promotor é obrigado a levar os casos ao Poder Judiciário. Porém o mesmo não ocorre na atividade de fiscalização dos políticos e dos burocratas, por meio das ações civis e inquérito civis, e na fiscalização do cumprimento da lei, mediante a ação civil pública; nestes casos, as investigações de homens públicos podem ser conduzidas de maneira a prejudicar os desafetos ou a favorecer os aliados.

Kerche chama a atenção para a equação que se forma, em que, de um lado, os promotores e procuradores contam com alto grau de discricionariedade e, de outro, com poucos mecanismos de *accountability*, mostrando o quão estranha é para o processo democrático. Isso porque, segundo a teoria democrática, é necessário controle externo tanto para os políticos eleitos como para atores estatais, que não são eleitos, mas possuem algum grau de discricionariedade.

Ainda quanto à sua estrutura interna, Kerche demonstra que o Ministério Público brasileiro possui divisões estaduais e federais e que os seus membros possuem ampla liberdade e são protegidos contra as injunções da cúpula da organização. Só imperfeitamente a cúpula que, no caso, seria o Procurador-Geral da República e os de Justiça dos Estados, consegue criar políticas institucionais.

Essa estrutura do Ministério Público, com atribuição de sua função tradicional e de suas novas tarefas, respectivamente, legitimidade para ação penal pública e a responsabilidade de fiscalizar os agentes públicos e do cumprimento da lei, segundo Kerche, é fruto de uma escolha dos próprios parlamentares constituintes.

Desta forma, demonstra que houve *lobbies* de promotores e procuradores na tentativa de convencer os parlamentares constituintes a garantir e ampliar o papel da organização, entretanto, esta não foi a causa principal que garantiu maior independência da organização em relação aos políticos. A aprovação destas medidas apenas ocorreu porque ia ao encontro do desejo dos parlamentares, ademais, o *lobby* não era unificado e nem mesmo o único no processo; ilustrando, o autor cita como exemplo o *lobby* dos delegados, que, em alguns aspectos, eram claramente contrários aos anseios dos promotores.

Neste sentido, não era claro o processo de convencimento dos parlamentares e, como um *lobby* era mais eficiente que outro, sendo que, no caso em tela, o autor não encontrou qualquer indício de que os interesses dos parlamentares fossem marcados pelo corporativismo do Ministério Público.

A melhor explicação está no fato de que os parlamentares queriam este modelo, por conta de uma visão da sociedade e do papel do Estado que permitia a existência de uma instituição independente e com poderes para defender a sociedade. Neste sentido, de um lado havia uma concepção geral de que a sociedade não sabia exigir os direitos que lhe foram dados (individuais e coletivos), sendo necessária uma instituição que exigisse a aplicação destes direitos, e, por outro lado, os próprios políticos pareciam não confiar neles mesmos; assim, era necessária uma instituição guardiã do Estado.

Segundo o autor:

> Desse modo, embora as pressões de diversos grupos de interesses tenham existido em forma de *lobbies*, isto não significa que o processo constituinte tenha se resumido ao atendimento das demandas organizadas por esses grupos. (...) A coincidência entre demanda dos grupos de interesses e leis constitucionais significa que esses *lobbies* foram felizes no processo de convencimento, mas a última palavra foi dos políticos. (Kerche, 2002. p. 15)

Sobre o estudo do processo constituinte, propriamente dito, Kerche aponta que o projeto aprovado, o responsável por esta nova estrutura para o Ministério Público, não era tão progressista quanto o primeiro projeto apresentado antes das alterações do Regimento Interno e do aparecimento do grupo suprapartidário chamado Centrão. Isso aconteceu com relação ao primeiro projeto porque a Subcomissão do Poder Judiciário e do Ministério Público[25], a responsável pela formulação dos dispositivos sobre o Ministério Público, era formada majoritariamente pelos parlamentares do PMDB e o cargo de relator era ocupado por um membro do PT, o que acabou por imprimir um caráter progressista em suas propostas.[26] Alia-se a isso o fato de estas propostas serem

---

(25) Havia vinte e quatro subcomissões que encaminhavam suas propostas para oito Comissões Temáticas que, por sua vez, dirigiam suas propostas para a Comissão de Sistematização, que, por fim, levava o projeto para plenário. Para maiores esclarecimentos, ler o tópico Panorama Geral sobre a Constituinte 87/88, p. 14.

(26) Tanto que esta Subcomissão era uma das mais à esquerda, perdendo nesta característica apenas para duas Subcomissões: dos Direitos dos Trabalhadores e Servidores Públicos e a dos Direitos Políticos, Direitos Coletivos e Garantias.

facilmente confirmadas pela Comissão de Sistematização, a responsável por levar o projeto final a plenário, isto porque, primeiro, nesta havia também o predomínio do PMDB, e segundo, o regimento interno permitia que as emendas rejeitadas na Comissão Temática e na própria Subcomissão fossem incluídas novamente nesta fase.

Estas vantagens que o regimento interno proporcionava ao maior partido da Assembleia Nacional Constituinte fizeram com que surgisse o grupo suprapartidário Centrão, que foi responsável pela alteração do Regimento Interno. Essas alterações fizeram com que o PMDB progressista fosse obrigado a negociar com os parlamentares conservadores, o que gerou um projeto intermediário "mais 'progressista' do que queriam os moderados e mais 'conservador' do que desejavam os progressistas mais a esquerda" (Kerche, 2002. 18).[27]

Outro estudo que menciona a relação do Ministério Público e do Poder Constituinte de 1987/1988 é de Bonelli (2002). Muito embora seu objeto de estudo não seja a Ciência Política e sim a Sociologia das Profissões, é importante a ele fazer menção, dada a reduzida literatura que existe a respeito. A autora, de maneira oposta a Kerche, conclui que as mudanças institucionais do Ministério Público, dispostas na Carta Magna de 1988, foram resultado direto do *lobby* organizado por seus membros. Vejamos:

> O *lobby* organizado pelas associações estaduais e nacionais do Ministério Público junto aos constituintes foi decisivo para o sucesso obtido na aprovação do novo perfil institucional. Os representantes dessas associações e seus colegas destacados para a conquistar apoio do Congresso identificaram os parlamentares ligados à carreira do MP. Eles buscaram a adesão desta "bancada" para influenciar os demais constituintes e viabilizar a aprovação das mudanças. (BONELLI, 2002. p. 152)

* * *

Dentre os poucos estudos realizados sobre a ANC, o que segue a mesma linha do presente trabalho é o realizado por Gomes (1988), que atribui aos aspectos institucionais e às preferências dos atores políticos o desenho da Nova Constituição na área dos direitos trabalhistas. Este modelo teórico consegue ampliar o campo de explicação do processo decisório, levando em conta tanto os aspectos individuais dos atores e os interesses coletivos, formalizados pelos grupos de pressão — *os lobbies* —, como os aspectos intrínsecos das instituições, que são os responsáveis pela delimitação do campo de atuação desses atores.

---

(27) O projeto apresentado sobre o Ministério Público, sob as regras do primeiro regimento, garantia maior independência e poder para a organização do que o apresentado após as mudanças institucionais promovidas pelo Centrão. Um exemplo disto é quanto ao controle externo do Ministério Público sobre a atividade policial, que surgiu no projeto da Comissão de Sistematização, de setembro de 1987, como autoexecutável e que foi modificado com a entrada do Centrão, que dependeria de lei complementar para regulamentá-lo. Outro exemplo é a ação civil pública e o inquérito civil que, apesar de terem sido aprovados com amplitude considerável, não poderiam ser utilizados contra autoridades, como previsto antes da instituição do Centrão.

## Capítulo 2
# O Direito Sindical e o Coletivo como Foco da Ciência Política

Como este trabalho visa estabelecer a relação existente entre a Política e o Direito, buscamos, com o estudo da literatura em Ciência Política, sinalizar qual foi a importância que os direitos individuais e os coletivos do Direito do Trabalho, Direito Sindical e o tema sobre a estruturação da Justiça do Trabalho tiveram neste período anterior e concomitante à instalação da ANC.

Analisando os artigos publicados nos principais periódicos em Ciências Sociais e na Edição Especial intitulada "Constituinte, Estado e Sociedade", do periódico *Arquivos do Ministério da Justiça*[28], constatamos que na literatura em Ciência Política, no período que encerra os debates na época da ANC, os temas mais debatidos foram os de Direito Sindical e os de Direito Coletivo do Trabalho.[29]

O debate envolvendo os assuntos de Direito Sindical centrou-se na constatação da necessidade de ser alterada a estrutura sindical corporativista, que havia sido montada no período Vargas com a finalidade de controlar e tornar fraco o movimento reivindicatório dos trabalhadores. Com o processo de democratização, era necessário garantir maior autonomia e liberdade para as organizações sindicais. Assim, vêm à tona temas como o pluralismo sindical, a contribuição sindical e as centrais sindicais.

Muitas vozes se ergueram para ressaltar a necessidade de alteração na organização dos sindicatos, a qual por ser regida pelo princípio da unicidade sindical, em que

---

(28) Na Edição Especial, intitulada de "Constituinte, Estado e Sociedade", do periódico *Arquivos do Ministério da Justiça*, publicado em julho/setembro de 1987, há a exposição e os debates de um Seminário, de mesmo nome dado à edição especial, promovido pela Fundação Petrônio Portella, nos dias 6 e 7 de maio de 1987, em que pelos temas escolhidos e pelos participantes percebe-se que a intenção do evento era lançar luz sobre algumas questões polêmicas que circundavam as Ciências Sociais. Neste sentido, foram convidados eminentes cientistas políticos, como Wanderley Guilherme dos Santos, economistas políticos, como Celso Furtado, Carlos Alberto Longo e Raphael Valentino Sobrinho, sendo que este último na época era o Consultor da Diretoria da Área Externa do Banco Central do Brasil, jornalistas políticos, como Carlos Chagas e Luiz Orlando Carneiro, políticos constituintes, como Fernando Henrique Cardoso e Nelson Jobim, quanto ao primeiro, como sabido, também incluso no rol dos sociólogos, políticos como Affonso Arinos de Melo Franco e Rubens Ricupero e a historiadora Aspásia Camargo.

(29) Enquanto os demais temas apareceram no máximo em três artigos do material analisado, os temas propriamente de direito sindical e coletivo do trabalho foram responsáveis por onze artigos.

somente o sindicato autorizado pelo Ministério do Trabalho pode representar uma categoria numa dada base territorial, sendo que para ele que se dirigem as contribuições sindicais de caráter obrigatórias, destoava da ordem democrática que estava sendo implantada no país.

Ao princípio da unicidade sindical, atribuía-se a pequena atuação dos sindicatos, que, mesmo num período de grande contestação, como foi o da redemocratização, continuavam sob o julgo do Ministério do Trabalho. Entretanto, para explicar por que os sindicatos eram fracos, vários outros argumentos vieram à baila: o atraso da classe operária, o desemprego estrutural, a imposição da legislação trabalhista, a falta de consciência sindical e política dos dirigentes.

Contudo, estas explicações, para Andrade (1984), sempre se baseavam em elementos externos ao sindicalismo, por isso era necessário analisar os fatores internos do movimento, especificadamente a relação dos sindicalistas com o Estado, que, notoriamente, era norteada pelo princípio da unicidade sindical. Para o citado autor, "o comportamento do movimento sindical tende a reproduzir o quadro de subordinação em que vive ao mesmo tempo que procura opor-se a ele". (p. 57)

Andrade com isso quis dizer que o arranjo institucional oferecia garantias, vantagens e compensações aos dirigentes sindicais que faziam com que o movimento sindical sucumbisse à lógica institucional de fragmentação[30] e de subordinação, com isso, tornando débil qualquer esforço de tornar o sindicalismo forte e autônomo. Essas vantagens consistiam em: 1. a garantia legal de representação exclusiva dos trabalhadores pelo Ministério do Trabalho, independente do apoio efetivo das bases; 2. o controle sobre as eleições sindicais exercido pelo Ministério do Trabalho, que favorecia a perpetuação dos dirigentes em seus cargos; 3. a contribuição sindical obrigatória; 4. o quase exclusivo acesso legal às categorias, dado que se outras lideranças, que não as oficiais, promovessem qualquer atividade, seriam taxadas de ilegais e subversivas.

Na verdade, o que existia na época, como bem salienta Almeida (1987a), era um sindicalismo regido pelo princípio da unicidade, segundo a estrutura corporativista legalmente instituída pela CLT, convivendo com os princípios de um ordenamento pluralista, os quais se manifestavam tanto nas centrais sindicais como na organização de setores que estavam proibidos de se organizarem, os servidores públicos. Neste sentido é que surgem os que defendem que a Constituinte deveria reconhecer a legitimidade das centrais sindicais e o direito à sindicalização dos servidores públicos.

Cabe salientar que estudiosos sobre o assunto, como Almeida (1987a) e Silva & Leite (1987), expressaram na época a dificuldade que seria alterar a legislação sobre a estrutura sindical, dadas as forças que lutavam pela sua manutenção. Juntamente com um

---

(30) A fragmentação do movimento sindical ocorria devido ao monopólio de representação, que, consequentemente, gerava negociações coletivas de forma atomizada. Assim, ocorriam acordos diferentes para categorias diferentes dentro da mesma região, e para a mesma categoria com regiões distintas. A atomização chegava ao seu ápice quando os empregados de uma mesma empresa, por serem de categorias diferentes, eram regidos por negociações coletivas distintas.

Congresso Constituinte conservador, exercia esta força pela inércia a ala predominante do próprio movimento sindical que, apesar de reivindicar maior autonomia e liberdade para as organizações dos trabalhadores, propunha apenas uma diminuição da interferência do Ministério do Trabalho na vida cotidiana dos sindicatos.

Apesar dessa ala majoritária conservadora, os setores mais combativos do movimento sindical — que eram minoria na organização sindical, mas possuíam um grande poder de fogo junto ao movimento —, estando enraizados na base, foram os responsáveis pela maioria das greves que estavam acontecendo desde 1978 e de fato imprimiram modificações importantes,

> propondo a livre negociação coletiva e rechaçando a interferência do governo e da Justiça do Trabalho nas relações entre empregados e patrões, questionando o autoritarismo patronal, assim como aspectos importantes da organização do processo de trabalho adotada pelas empresas (...). (SILVA & LEITE, 1987. p. 42)

Encontramos na literatura em Ciência Política temas que indiretamente se relacionam com o sindicalismo, que são a democracia participativa e a reforma agrária. Em ambos os temas são levantadas dúvidas quanto à legitimidade da atuação dos sindicatos em representar os interesses dos trabalhadores — ou porque poderiam ser manipulados pelo Estado, ou porque a cúpula do movimento sindical estava descolada das ambições da base, onde se encontrava a massa dos trabalhadores.

Quando é exposta a discussão sobre as garantias que estariam expressas na Nova Constituição para o exercício da democracia participativa, que poderia ocorrer por meio de conselhos populares e do pacto social, é lançada também a preocupação dos sindicatos se valerem de meios por intermédio dos quais se daria a participação dos trabalhadores, mas que não os representaria de acordo.

Neste sentido, Ferrari (1984) aponta que os conselhos populares poderiam trazer a participação política dos trabalhadores, que exerceriam a escolha de políticas públicas juntamente com o poder público, fortaleceriam o poder popular e contribuiriam para a politização dos movimentos sociais; contudo, ressalva o perigo da participação popular ser manipulada pelo Estado e ficar a ele incorporado, como se deu com o movimento sindical até aquele momento.

Sobre o pacto social, Singer (1985) demonstra que o tema ganhou espaço no discurso político após a introdução da ideia por Tancredo Neves, a qual, naquele momento específico, significava uma negociação entre o Estado e as classes sociais, que representavam o capital e o trabalho, com a finalidade de permitir mudanças sociais e econômicas, sem que a reação das partes envolvidas pudesse fazer a inflação disparar, anulando desta forma os efeitos daquela mudança.

Novamente, com relação à representação dos trabalhadores no pacto social, ventilou-se o problema de ela ser exercida pelos sindicatos, que eram apêndice do Estado, o que certamente acarretaria maiores prejuízos aos trabalhadores e, por outro lado, o movimento sindical combativo não se comprometeria com o pactuado pelo sindicalismo oficial. Ainda quanto aos problemas de implantação do pacto social, surge a dúvida referente a se as diversas correntes ideológicas e políticas dentro do sindicalismo, tanto patronais quanto dos assalariados, realizariam um acordo prévio para poderem elaborar uma plataforma classista uniforme.

O outro tema que indiretamente se relacionava com a atuação dos sindicatos junto aos canais institucionais de participação política era o da reforma agrária. D'Incao (1986) apontou a necessidade da Nova Carta Magna dispor sobre meios que garantissem aos trabalhadores rurais participarem da reforma agrária, a fim de que esta fosse implantada mediante leis eficientes e para não ocorrer o que se deu na aprovação do Plano Nacional de Reforma Agrária (PNRA)[31], quando os dirigentes do sindicalismo dos trabalhadores rurais não defenderam os desejos e as aspirações da base.

Como mencionado, a situação do sindicalismo rural não era diferente, ainda que na época os sindicatos rurais tivessem sido os responsáveis pelo recrudescimento do movimento dos trabalhadores rurais para melhores condições de vida e para adquirirem o direito à terra em que trabalham. Segundo relatório dos conflitos situados no campo em 1983, da Comissão Pastoral da Terra, ocorreram 315 conflitos, envolvendo 217.171 pessoas. Estes conflitos tiveram como motivação os direitos trabalhistas, sendo que nessa estatística não foram computadas as greves e as lutas por melhores salários. Estes conflitos no campo variavam conforme a situação concreta de cada região e conforme a organização dos rurais, que não eram uniformes, e também segundo os interesses dos envolvidos, que de maneira alguma eram os mesmos. Neste sentido, dentre os camponeses existiam os sem-terra, os pequenos proprietários, os assalariados, os colonos, os parceiros, os posseiros.

Segundo Poletto (1984), em comum, todos os trabalhadores do campo buscavam a renovação dos Sindicatos Rurais, desatrelando-os do sindicalismo corporativo do Estado. Silva (1985) aponta que o interesse comum era pela reforma agrária, que deveria ser ampla, massiva, imediata e com controle dos trabalhadores rurais.

Com relação aos direitos coletivos do Trabalho, os temas levantados relacionavam-se aos direitos que, de alguma forma, colaborariam para tornar o ambiente de trabalho mais democrático. Neste sentido, foi apontada a necessidade da Nova Constituição garantir aos trabalhadores o direito de se organizarem nos próprios locais de trabalho, por meio da instituição de comissões, com a finalidade de conquistar melhores condições de trabalho, para amenizar os efeitos negativos da automação, como o desemprego, para prevenção de acidentes. Ademais, também entrou no debate a maneira pela qual a Constituição deveria prever o direito de greve, ou seja, se seria permitida de forma ampla ou se haveria alguma regulamentação.

---

(31) O Plano Nacional de Reforma Agrária (PNRA), que foi aprovado na Nova República, excluiu da definição de áreas prioritárias justamente as áreas mais atingidas pelos conflitos de terra, e reduziu a possibilidade da desapropriação por interesse social dos latifúndios improdutivos para parcelas desses mesmos latifúndios.

Um assunto debatido, que está incluso no Direito Coletivo do Trabalho, mas que se relaciona diretamente com a questão sindical, é a pertinência de a Constituinte garantir o direito dos trabalhadores de se organizarem nos próprios locais de trabalho, por intermédio das comissões de fábricas. Seus defensores apontam que em países com plena democracia, como nos Estados Unidos, Canadá, Japão, as comissões de fábricas já eram uma realidade que poderia servir de parâmetro para o Brasil, que estava passando por um processo de redemocratização. Nesses países, as comissões de fábricas eram legitimamente eleitas e tinham por fim viabilizar o entendimento entre trabalhadores e patrões. Essa organização dos trabalhadores no local de trabalho possibilitaria o diálogo entre as duas partes envolvidas na produção, empregados e empregadores, sobre melhorias nas condições de trabalho, diminuição do ritmo de produção, prevenção de acidentes, etc.

Alves & Silva (1987) apontam que, muito embora a legislação trabalhista não permitisse organização sindical dentro das fábricas, após 1978, quando retoma o movimento sindical, iniciou-se um processo de instauração das comissões de fábricas em muitas empresas de grande porte, mas também sendo encontradas em empresas de pequeno e médio portes. Para os autores, seria um retrocesso para o processo de democratização da sociedade, e das relações de trabalho em particular, se a Nova República se omitisse de garantir esse direito aos trabalhadores.

Segundo Almeida (1987a) a discussão sobre a organização da representação na empresa esteve sempre relacionada com a ideia da unicidade sindical, pois:

> o processo incipiente de organização foi acompanhado por um esforço enorme de colocar as comissões de representantes sob o controle do sindicato, para manter o controle do sindicato sobre a regulamentação na empresa, sem nenhuma disposição de experimentar alternativas que possibilitassem o pluralismo na representação. (p. 11)

As comissões de fábricas que de fato foram implantadas tiveram como membros os sindicalistas vinculados aos sindicatos oficiais, o que não necessariamente precisaria ser assim, dado que as comissões de fábricas poderiam ser constituídas por empregados eleitos na empresa, sem qualquer vínculo com o sindicato. Uma das razões para ter sido assim, era a forte influência do princípio da unicidade sindical, em que qualquer movimento de trabalhadores deveria estar necessariamente vinculado ao sindicato legalmente reconhecido.

Outro tema de direito coletivo do trabalho que foi vinculado à atuação dos sindicatos foi a negociação coletiva. Cabral (1984), apesar de expor a necessidade de desvincular as convenções coletivas e os acordos coletivos do paternalismo estatal, no intuito de democratizá-los, contraditoriamente alega que isso não significava "o afastamento, o alijamento das entidades sindicais das negociações coletivas" (p. 92). Para a autora, o sindicato deveria continuar com o monopólio para firmar negociação coletiva, entretanto, na hipótese de não existir representação sindical ou seção sindical dentro da empresa, poderia a negociação processar-se por meio de grupos representativos de trabalhadores.

Um dos mais controvertidos assuntos relativos ao Direito Coletivo do Trabalho discutido pelos cientistas políticos foi o direito de greve. Embora a CLT já dispusesse que a greve somente não era permitida nas atividades essenciais, a regulamentação que existia, apelidada de lei antigreve, tornava-a quase impossível para as atividades não essenciais, tamanhas eram as exigências a cumprir antes de deflagrá-la. Ademais, não se pode esquecer que o regime militar imprimia forte repressão ao movimento grevista, como, aliás, a qualquer manifestação popular.

Este quadro de total falta de liberdade não poderia continuar com a mudança de regime e a nova Constituição. Desta forma, com a abertura política, a punição do Estado às greves que ocorreram, desde 1978, apesar de oscilar, na média foi mais branda. Segundo Silva & Leite (1987):

> o país vem assistindo a um vigoroso movimento grevista que vem se processando à margem da legislação vigente, passando por cima tanto da lei de greve, como das principais características das relações de trabalho impostas pelo atual quadro institucional, as quais transformam os sindicatos em órgãos burocratizados e assistencialistas. (p. 42)

Já com vistas na Constituinte, o debate acerca do direito de greve circundou diferentes questões: 1. se esse direito seria irrestrito ou haveria alguma limitação, como, a de haver uma negociação com o patronato antes de instaurá-la; 2. se a Constituição deveria regulamentá-la ou apenas garanti-la; 3. se a greve seria permitida para as atividades essenciais de forma ampla ou se contaria com uma regulamentação mínima.

Na literatura em Ciência Política da época da Constituinte, também encontramos a discussão a respeito da participação dos empregados nas deliberações referentes à empresa. Essa discussão, na seara dos direitos coletivos, acendeu após a criação do Conselho de Representantes (CRE), nas empresas em que o Estado de São Paulo era acionista majoritário, que institucionalizou a participação de todos os empregados[32].

Na época, já havia sido instituída por lei a obrigatoriedade de haver ao menos um representante dos empregados na direção das empresas estatais, todavia, o Estado de São Paulo fez mais com a implantação dos CRE, pois deu aos empregados a possibilidade de participarem da direção da empresa para a qual trabalhavam por intermédio de um órgão colegiado. Os empregados dessas empresas passaram a desempenhar dois papéis: o tradicional — que já o faziam ao cumprir ordens de uma estrutura hierarquizada — e o novo — que era desempenhado enquanto membro igualitário de um sistema de participação.

---

(32) No Estado de São Paulo, a Lei estadual n. 3742 de 1983, com nova redação determinada pela Lei n. 4.096 de 1984, estabelece que nas sociedades anônimas controladas majoritariamente pelo Estado é obrigatória a instituição desses conselhos, composto de 30 membros, que elegem um diretor para representar os empregados na empresa.

Com vistas nessa discussão, necessária se fez a distinção das características da cogestão e da autogestão. Segundo Martins (1984), a principal diferença desses dois últimos para a participação é que nesta não é necessária a transferência de poder e, desta forma, os empregados não passam a mandar na empresa; apenas possuem o direito de influir, de modo formalizado, sobre o conteúdo e os resultados dos processos decisórios que definem as atividades e os rumos da organização. Já a autogestão e a cogestão requerem que o poder se desloque, sendo que na primeira forma o poder de mando passa integral e permanentemente aos empregados e, na segunda, de maneira eventual e parcial.

Por fim, outro tema encontrado nas principais revistas em Ciência Política, o qual faz parte dos Direitos Coletivos do Trabalho, foi a automação, que consiste na utilização de equipamentos computadorizados que controlam toda a linha de produção. No Brasil, os efeitos da automação iniciaram-se na indústria metalúrgica, no Estado de São Paulo, após a recessão econômica de 1980-1981, sendo que o seu impacto mais direto foi o desemprego que abateu 119 mil postos de trabalho entre 1979-1984.

Em 1984, o tema da automação é posto no debate político pelo Partido dos Trabalhadores (PT), que enviou ao Congresso Nacional projeto de lei, vetado pela Presidência de República, para a criação de "comissões paritárias de tecnologia" nas empresas que adotavam a automação, as quais seriam constituídas por representantes dos empregados e dos empregadores para discutir previamente a adoção de tecnologia.

A automação, que poderia ter sido empregada para a redução dos riscos como insalubridade, periculosidade, diminuição da jornada e, consequentemente, redução dos desgastes físicos, acabou por substituir trabalhadores onde foi posta em prática, e os que permaneceram no emprego continuaram a exercer exaustivas jornadas de trabalho de 56 horas semanais. Frente a este quadro de altas taxas de desemprego, os trabalhadores ficavam impotentes para contestarem a relação desfavorável dos ritmos de trabalho mais intensos impostos pela empresa com os novos equipamentos. Isso justificava a presença das citadas comissões paritárias, que funcionariam no sentido de negociar o ritmo de produção, o controle das chefias, como e onde automatizar, avaliando os efeitos de desemprego gerado pelas novas tecnologias.

Os aspectos relacionados com os efeitos negativos da automação para os trabalhadores foram levantados e para a solução do problema foram sugeridas outras alternativas, que poderiam ser implementadas juntamente com as comissões paritárias. Neste sentido, a DIEESE, órgão de assistência técnica intersindical, propôs a revisão da legislação trabalhista para permitir a ação sindical na formulação de contratos coletivos de trabalho em que ficassem acertadas cláusulas sobre a automação e, ainda, defendeu a "moratória tecnológica", que seria a proibição de a empresa afetada pela automação de dispensar seus empregados por um período de cinco anos, além da obrigação de reprofissionalizá-los. Por fim, a DIEESE também apresentou a proposta de salário-desemprego, para os que não encontrassem emprego no futuro, enquanto medida emergencial.

Como já elucidado, a Ciência Política voltou sua atenção neste período da redemocratização para os direitos coletivos do trabalho e sindical, dando quase nenhuma atenção aos estudos dos direitos individuais do trabalho. Encontramos apenas uma discussão envolvendo direitos individuais do trabalho, ainda assim, no bojo de um estudo cujo interesse era analisar os direitos dos funcionários públicos.

Pimenta (1984), discorrendo sobre medidas inclusas no direito administrativo, como, a obrigatoriedade ou não de concurso público para ingresso no serviço público, pontualmente menciona a necessidade de garantir a essa categoria de trabalhadores a estabilidade, isto para que seus cargos fiquem protegidos de injunções políticas. Ademais, propõe que o 13º salário e Fundo de Garantia por Tempo de Serviço (FGTS) sejam estendidos aos servidores públicos estatutários, vez que não achava justo apenas os CLTistas usufruírem esses direitos.

Um tema que foi alvo de estudos dos cientistas políticos foi a reforma da previdência, que, apesar de encontrar-se no ramo do Direito Previdenciário, tem uma forte relação com o Direito do Trabalho, no aspecto de visar garantir ao trabalhador um certo nível de subsistência quando estiver inativo.[33]

A discussão centrou-se no maior problema que a Previdência Social vinha enfrentando, que era a necessidade de reequilibrar financeiramente suas contas, o que somente seria possível com uma reforma institucional que separasse os programas assistenciais, assistências médica e social, dos programas tradicionais de seguro social: aposentadorias e pensões.[34]

Mas justamente neste aspecto de separação dos dois programas é que residiam as maiores dificuldades. Isto porque já fazia parte de nossa tradição histórica o Estado desenvolver sua política social sempre dentro dos limites previdenciários e, a partir de 1974, quando a questão social torna-se estratégica para a política governamental, na tentativa de aumentar as bases de legitimação do governo que começa a enfrentar o

---

(33) Apesar do Direito Previdenciário se igualar neste aspecto ao Direito do Trabalho, segundo Krotoschin, citado por Beltran (2002): "mas difere do direito do trabalho em muitos outros: outorga ao trabalhador alguns direitos mesmo que não haja uma relação de trabalho com o empregador (por exemplo, seguro estatal em caso de impossibilidade de prestação de serviço), prevê determinadas prestações que tendem a eliminar as causas de alguns riscos a que está sujeito o trabalhador (programas de emprego para prevenir a desocupação), ou a reparar ou atenuar as consequências de certos eventos (medicina social, seguro doença, seguro acidente, auxílio em casos de aumento de encargos familiares, etc. Por outro lado, a seguridade social tende a estender sua proteção a pessoas que não são sujeitos de direito do trabalho e, finalmente, para a persecução de seus fins emprega meios e técnicas distintos, preferentemente de direito público, tendo por fundamento a solidariedade coletiva, mais ampla que a fundada na relação trabalho." (BELTRAN, 2002. p. 54)

(34) Existem vários critérios para classificar os programas de assistência social e previdenciários. O que mais se coaduna com a proposta de separação dos dois institutos parece ser o critério contábil, em que é considerado o benefício previdenciário apenas aquele para qual houve uma fonte/dotação específica, sendo que a assistência englobaria os benefícios que não possuíssem dotação/contribuição. Este critério tem implícito o princípio da proporcionalidade entre contribuição e benefícios. Assim, se levado ao pé da definição, naquela época até mesmo os direitos dos trabalhadores rurais (Funrural) deveriam ser considerados assistenciais, dado que estavam desvinculados da contribuição individual.

problema da crise econômica, o Estado aumenta sobremaneira a extensão das coberturas, norteando-se pelo princípio do caráter universalizador: incorpora ao sistema os trabalhadores rurais, domésticos, autônomos e cria a renda mensal vitalícia.

Relacionam-se com este impasse questões diretamente ligadas à democracia; são elas: as distintas cidadanias sobre a mesma base previdenciária e que a população abaixo da linha de pobreza não estava protegida pela previdência.

Com relação às distintas cidadanias, Teixeira (1984) aponta que nas medidas de proteção social, que são as designadas de Assistência Social, existe uma "cidadania invertida", em que o indivíduo entra em relação com o Estado "na medida em que se reconhece um não cidadão, tem como atributos jurídicos e institucionais, respectivamente, a ausência de relação formalizada de direito de benefício" (p. 340). A "cidadania regulada" seria aquela que prevalece nos casos de seguro social, nos quais, pela condição de exercício de emprego registrado em Carteira de Trabalho, se estabelece uma relação de tipo contratual: os benefícios são proporcionais às contribuições. E, por fim, a "cidadania plena", em que o Estado está obrigado a fornecer um mínimo vital para todos os cidadãos, independentemente da necessidade ou do contrato realizado.

Relacionava-se com esse último tipo de cidadania o problema do limite estrutural à universalização da previdência social, dado o relevante número de pessoas que viviam abaixo da linha de pobreza e que estavam no mercado informal de trabalho. Desta forma, onde há uma desproporção entre o mercado de trabalho formal e o informal, o sistema de previdência social, não tendo para onde expandir e assim realizar a cidadania plena, seria mais um mecanismo de concentração e estratificação do que de redistribuição de rendas.

A Ciência Política também se dedicou a outros assuntos, como os relacionados com a organização política do Estado, principalmente com questões a respeito da representação parlamentar e dos partidos políticos, regime de governo. Sobre a representação parlamentar, a discussão se dividiu em dois posicionamentos opostos: os que defendiam a representação majoritária e os que defendiam a representação proporcional[35].

Nas discussões a respeito da estrutura dos partidos políticos e da sua representatividade, para os que se posicionavam do lado daqueles que defendiam que se tratava de assunto de foro constitucional, como Weffort (1987), a Constituição deveria definir mecanismos que garantissem a liberdade partidária[36], a sua real existência e o seu bom funcionamento, como acesso à comunicação em massas pelos partidos.

Quanto ao regime de governo, as discussões pautavam-se na necessidade de sua alteração ou de sua manutenção. Neste aspecto, argumentava-se a necessidade de

---

(35) Segundo Abranches e Lima Júnior (1983), o regime proporcional confere aos partidos políticos representação parlamentar equivalente aos votos válidos obtidos numa dada unidade eleitoral, enquanto que o regime majoritário tem por objetivo identificar uma determinada maioria e lhe dar representatividade.

(36) Na discussão sobre a liberdade partidária, estava incluso o debate se os militares poderiam ou não se organizar em partidos políticos.

mudanças diante do esgotamento do regime presidencial brasileiro, que propiciou a exacerbação de poder nas mãos na Presidência da República[37], não compatibilizou o desenvolvimento econômico com o desenvolvimento social e não permitiria que as mudanças necessárias para redemocratização ocorressem com estabilidade institucional.[38] Como modelo substitutivo ao presidencialismo, os estudiosos do assunto sugerem o parlamentarismo e o "presidencialismo cameral"[39].

Um tema relacionado com a organização política também discutido pelos cientistas políticos foi a preocupação com os tecnocratas, ou seja, com a alta elite com conhecimentos especializados que havia se formado dentro da burocracia, durante o governo militar, a qual estava fazendo valer seus interesses, que nem sempre eram associados ao bem público; desta forma, estavam comportando-se politicamente dentro das estruturas do Estado. A grande questão era como responsabilizar estes altos funcionários por seus atos e se estes deveriam ser submetidos a um estatuto político.

Outro tema diretamente relacionado com o poder político que esteve no debate da Ciência Política foi o papel que as Forças Armadas iriam exercer na Nova República. Para Rizzo (1987), a tendência era o reconhecimento por parte das forças políticas de que os militares deveriam intervir internamente, como participantes legítimos da arena política; já quanto à sua estrutura, dificilmente alteraria o modelo vigente dos três Ministérios: Aeronáutica, Exército e Marinha. Caberia à Constituinte definir os limites ao poder das Forças Armadas, como a atuação da Justiça Militar, e qual seria a função do Serviço Nacional de Informações, do Conselho de Segurança Nacional e do Estado-Maior das Forças Armadas.

Outro assunto foi a necessidade de manter a regulação da economia em nível constitucional, desta forma, descartando as teorias liberais que pregavam que as leis do mercado regulariam os aspectos econômicos. Ademais, apontavam para a necessidade de compatibilizar os princípios econômicos com os ideais democráticos, assim, a economia deveria ser gerida de forma a possibilitar uma distribuição de renda com mais equidade. Com esse sentido, dentre os assuntos econômicos comentados, podemos citar: inflação; imposto progressivo; equilíbrio financeiro entre os entes da União; ajustes fiscais e as resoluções, que não necessitavam da aprovação de outros órgãos, do Banco Central e do Conselho Monetário Nacional.

---

(37) Já os defensores do regime presidencialista, como, Fernando Henrique Cardoso, apontavam que, embora esse regime tivesse provocado marcas negativas, não era condizente com nossa tradição política a mudança de regime, ainda mais considerando que na Nova República as eleições diretas para presidente, que há tempos era uma expectativa popular, acabariam por dotar a presidência de uma força muito maior que a desejada para o regime parlamentar, o que poderia acarrretar um choque institucional. Nesse sentido, apenas conviria corrigir algumas distorções do regime que estavam ocorrendo.

(38) Visto que viam esse regime sucessível a golpes de Estados, como ocorreu com Vargas e Goulart.

(39) Segundo Jaguaribe (1987), implicava em um regime que conta com um presidente eleito por maioria absoluta, em um ou dois escrutínios, mediante sufrágio universal e secreto, responsável pela estabilidade das instituições, e por um primeiro-ministro, designável pelo presidente, mas sujeito à confiança da Câmara dos Deputados, que por isso era passível de dissolução quando o primeiro-ministro fosse demitido pelo presidente.

Neste balanço da literatura em Ciência Política a respeito do que foi discutido na época, e que estava relacionado com a elaboração da Nova Constituição, cabe mencionar outros estudos encontrados que demonstram a diversidade de temas: 1. a questão ecológica, apontando a necessidade de o Brasil participar do movimento ecológico mundial, encontrada em Viola (1987); 2. as críticas ao Programa Nuclear Brasileiro, realizadas por Goldemberg (1987): elevado custo; não transferência de tecnologia com a compra da Usina Angra I e possibilidade de ser utilizada a tecnologia para fins militares; 3. a representação das minorias, em Gonzales (1985), sobre os negros e em Novaes (1988), sobre os índios; 4. a questão sobre a necessidade de mudança no sistema corporativo na Educação Superior para acabar com o monopólio estatal, principalmente quanto ao currículo mínimo instituído pelo Conselho Federal de educação, exposto por Schwartzman (1985); 5. a urbanização e a habitação, enfocando a necessidade de serem resolvidos problemas como usucapião urbano, invasões de terras, regularização de loteamentos, encontrada em Santos (1986).

\* \* \*

A literatura em Ciência Política escrita na época da Constituinte nos aponta que os assuntos relacionados com os direitos dos trabalhadores tiveram lugar de destaque entre os outros assuntos que também preocupavam os cientistas políticos com a realização de uma Nova Carta Constitucional. Percebemos que, embora o tema Direito do Trabalho fosse o tema central de diversos artigos e em muitos outros fosse citado como importante ponto da agenda de transição democrática, a preocupação não era ampla. Isto é, não abarcava os direitos individuais do Trabalho, os quais haviam sido firmados desde a Era Vargas. Tampouco havia a discussão sobre a estrutura institucional da Justiça do Trabalho, responsável pela aplicação das leis trabalhistas.

O debate entre os cientistas políticos, na área de Direito do Trabalho, enveredou-se para as questões sobre o funcionamento dos sindicatos e sua relação com o Estado, que denominamos de Direito Sindical, e para direitos trabalhistas em que fosse sujeito de direito uma coletividade de trabalhadores, como o direito de greve, e as comissões de fábrica, que são os direitos coletivos do Trabalho.

Em ambas as vertentes, Direito Sindical e Direito Coletivo do Trabalho, os cientistas políticos chamavam atenção para os pontos em que a legislação era inadequada para o regime democrático que se anunciava, necessitando a Nova Constituição extrair do ordenamento jurídico o ranço do corporativismo herdado do Estado Novo. O tema de direito individual, menos vinculado à democracia política e mais vinculado à igualdade social, e as formas de regulação dos mercados estavam quase completamente ausentes na agenda de pesquisas das Ciências Sociais.

*Capítulo 3*

# A Preocupação do TST com sua Estrutura e Competência

Para o objetivo desta pesquisa de reconstruir o pensamento jurídico trabalhista, na época da Constituinte de 1987/1988, por meio da atuação dos advogados e dos juízes no Tribunal Superior do Trabalho, é importante situar este período, ainda que de maneira breve, no contexto maior que é a própria história desta Justiça e, consequentemente, do seu órgão de cúpula.

Com esse intuito, escolhemos como marco inicial o ano de 1946, por dois motivos: 1º foi quando a Justiça do Trabalho passou a fazer parte do Poder Judiciário, com a determinação da Constituição Federal promulgada no mesmo ano; 2º nessa data, iniciou-se a publicação da Revista do Tribunal Superior do Trabalho, o que nos permitiu reconstruir a história institucional da Justiça do Trabalho, do período de 1946 a 1989, por intermédio da história do Tribunal Superior do Trabalho, com levantamento realizado na própria revista[40], nos discursos e nos textos doutrinários.

## 3.1. A busca pelo reconhecimento

As modificações estruturais trazidas à Justiça do Trabalho com sua judiciarização[41], em 1946, não foram muito amplas, pois permaneceu essa instituição contando com três órgãos hierárquicos, como dantes, porém, com a alteração do nome e de algumas características. Neste sentido, houve a conversão do antigo Conselho Nacional do Trabalho em Tribunal Superior do Trabalho, permanecendo sua composição paritária, com membros em igual número representando os trabalhadores e os empregadores, como, aliás, em todos os níveis desta Justiça Especializada. Os Conselhos Regionais do Trabalho

---

(40) Sobre a referida revista, cabe mencionar que neste lapso temporal, de 1946 a 1978, a publicação foi interrompida entre os anos de 1962 a 1966, sendo que, posteriormente, no ano de 1968, foi publicado um volume contendo ementário de jurisprudência referente a esse período. Anteriormente a 1946, quando a Justiça do Trabalho integrava o Poder Executivo e o seu órgão máximo se chamava Conselho do Trabalho, já era publicado o periódico, entretanto, com o nome de *Revista do Conselho do Trabalho*, que não foi analisado, por não interessar à esta pesquisa.

(41) Embora não tenhamos encontrado o termo em dicionários da Língua Portuguesa, esta foi a palavra utilizada por alguns juristas para designar o momento em que ocorreu a vinculação da Justiça do Trabalho ao Poder Judiciário.

transformaram-se em Tribunais Regionais do Trabalho e adquiriram autonomia administrativa e poder de elaborar seus próprios regimentos, atribuição antes desenvolvida pelo Conselho Nacional do Trabalho. As Juntas de Conciliação e Julgamento permaneceram inalteradas.

O deslocamento da Justiça do Trabalho do Poder Executivo para o Poder Judiciário trouxe alteração significativa no que dizia respeito aos seus magistrados togados que, seguindo as disposições constitucionais, passariam a ter direito às garantias próprias da magistratura, que visavam tornar o julgador menos vunerável a influências políticas e econômicas. Essas garantias consistiam na vitaliciedade, inamovibilidade e irredutibilidade de vencimentos. Ademais, a magistratura trabalhista deveria agora ter a formação de um quadro de carreira, em que haveria o estabelecimento de concurso público para prover o cargo, e as promoções seriam concedidas com base nos critérios de antiguidade e merecimento.

Apesar da disposição expressa da Constituição de 1946, nos primeiros anos após a inserção desta Justiça Especializada no Poder Judiciário, os magistrados trabalhistas ainda continuavam percebendo salários menores que a magistratura em geral, e esteve em debate se realmente os juízes trabalhistas togados tinham os mesmos direitos dos juízes da Justiça comum.

Em defesa aos juízes trabalhistas, encontramos, nesses anos inaugurais da Justiça do Trabalho no Poder Judiciário, discursos que enaltecem as suas qualidades e que apontam que os juízes do trabalho eram os percussores da aplicação de medidas previstas na CLT, as quais depois foram transpostas para as outras lides judiciárias, que agilizavam a prestação jurisdicional, como a oralidade no processo, e medidas que enalteciam a paz social, como o instituto da conciliação.

Nesse período até aproximadamente 1954, os discursos proferidos no TST demonstram que a Justiça do Trabalho era alvo de muitas críticas, que ora tentavam desmerecer, os magistrados trabalhistas das garantias constitucionais concedidas para a magistratura em geral, ora seus opositores tentavam desmoralizar seus órgãos, principalmente o seu órgão de cúpula, o Tribunal Superior do Trabalho. Com relação ao TST, foi elaborado projeto de lei, assinado pelo deputado Lúcio Bittencourt, que propôs a sua extinção, argumentando para tanto que o Supremo Tribunal Federal poderia se encarregar da principal função daquele Tribunal, que era a uniformização da interpretação de lei federal sobre as questões laborais, dado que já o fazia para os outros casos que versavam sobre lides que não as do trabalho.

Apesar dessas forças opositoras à afirmação do TST como órgão de cúpula da Justiça do Trabalho, o Supremo Tribunal Federal, a principal corte julgadora do país, desde o início reconheceu que aquele tribunal estava hierarquicamente no mesmo plano dos demais tribunais superiores de jurisdições especiais[42]. Reforçando esse

---

(42) Na época, os outros tribunais superiores eram: Tribunal Federal de Recurso, Superior Tribunal Militar e Tribunal Superior Eleitoral.

posicionamento, o STF confirmava a maioria das decisões proferidas pelo TST. Com relação à questão da magistratura trabalhista, o STF proferiu que a Constituição de 1946 tinha estendido aos juízes togados da Justiça Trabalhista os direitos e as garantias concedidas a todos os magistrados brasileiros.

No intuito de enaltecer as funções exercidas pela Justiça do Trabalho, foram constantes até a edição da Revista do TST referente ao ano de 1962, quando foi interrompida a sua publicação até o ano de 1966, os discursos que apontavam que a sua função de conciliar as forças opostas no processo de produção, dos empregados e dos empregadores, tinha o condão de manter a paz social, tão importante na época para o interesse nacional de industrialização do país. Ainda com a mesma finalidade, alguns apontavam que a Justiça do Trabalho foi a precursora da humanização do direito e do fenômeno da socialização da Justiça pelo fato de o juiz do trabalho estar sempre atento à realidade econômico-social para interpretar a lei que aplicaria ao caso, desta forma, não ficando preso apenas aos aspectos normativos da legislação.

Após 1954, precisamente após os pronunciamentos do STF, a Justiça do Trabalho firma definitivamente sua competência na área laboral. Juntamente com a valorização da instituição jurídica responsável pela resolução dos problemas referentes ao trabalho, ocorria também uma maior conscientização do operariado de seus direitos, que foram responsáveis, juntamente com o crescimento vivenciado nos parques industrial e comercial do país, pelo crescimento vertiginoso do número de processos distribuídos, principalmente em seus órgãos de base, ou seja, nas Juntas de Conciliação e Julgamento. Os dados fornecidos pelo Juiz do TST, Delfim Moreira Junior (1958), revelam a dimensão do crescimento: em 1941 foram distribuídos 30.000 processos nas juntas de conciliação e julgamento e, em 1957, foram distribuídos 120.000 processos.

O volume crescente de processos também foi sentido pelo último grau de jurisdição desta Justiça especializada, que começou a acumular processos para serem julgados. Frente a essa situação, o TST, que até então funcionava apenas em plenário, ou seja, os julgamentos eram realizados com a totalidade de seus 11 juízes, o que tornava extremamente lenta a apreciação dos recursos que lhe eram oferecidos, empenhou-se na aprovação da lei que permitisse a divisão dele em Turmas, o que se tornou realidade com a aprovação da Lei n. 2.244/54.

Constantemente, encontramos discursos e doutrinas no período de 1946 a 1975 que reclamam novas Juntas de Conciliação e Julgamento nas comarcas em que ainda não foram instaladas, bem como novos Tribunais Regionais do Trabalho. As justificativas baseavam-se na ampliação dos serviços jurisdicionais trabalhistas pelo território brasileiro. Dentre este período, em fins da década de 1950 e início dos anos 1960, algumas vozes se levantaram para alertar a necessidade de também aparelhar e adaptar a estrutura já existente da Justiça do Trabalho, que já estava saturada de processos, pois apenas a criação de novos órgãos não resolveria o problema.

Coadunando-se com esses apontamentos sobre a necessidade de adaptar a Justiça do Trabalho aos novos tempos, quando o número de processos aumentava consideravelmente, na década de 1970 intensificam os discursos que apontavam para a necessidade de um código do trabalho, para agilizar o procedimento adotado nos trâmites do processo, principalmente para evitar procrastinações dos feitos pelas partes, com a finalidade de tornar a Justiça Laboral mais ágil.[43]

As reformas constitucionais que ocorreram na mudança de regime, quando o país ingressou no período político da ditadura militar em 1964, consubstanciadas na Constituição de 1967, confirmaram a competência atribuída à Justiça do Trabalho pela Carta Magna de 1946, e mais, jogaram uma pá de terra na questão de se o TST era ou não o órgão máximo para decidir as pendências trabalhistas quando tornou irrecorríveis as decisões deste Tribunal, salvo quando ofendessem a Constituição Federal, único caso em que caberia recurso para o STF.

Ademais, a Constituição do regime militar elevou o número de juízes do TST, que passaram, a partir daquele momento, a ter a denominação de Ministros, de 11 para 17: 11 eram juízes togados e 6 eram classistas. Com isso, manteve-se a representação paritária. Criou-se também o quinto constitucional, que consistia na ocupação de 1/5 das vagas de Ministros togados por membros do Ministério Público e da advocacia.

Apesar desta visível valorização da Justiça do Trabalho pelas normas constitucionais outorgadas pelos militares, quando da reforma da Constituição em 1969, retirou-se da Justiça Laboral uma atribuição que lhe havia sido concedida no diploma constitucional que agora era alterado, a sua competência sobre as questões trabalhistas dos servidores da União e das autarquias submetidas ao regime de CLT[44], que, a partir de então, seriam submetidas à Justiça Federal. Esta questão, embora importante, não foi debatida no TST na época em que ocorreu, sendo que encontramos referência a ela no periódico da Revista referente ao ano de 1986, em pronunciamentos feitos no Seminário de Direito do Trabalho Comemorativo dos 40 anos do TST, realizado no Auditório da Ordem dos Advogados do Brasil, em Brasília.

Em 1º de maio de 1971, com a alteração da capital do país, o TST, que até então tinha sua sede no Rio de Janeiro, no prédio do Ministério do Trabalho, passou a ter suas próprias instalações em Brasília. O discurso corrente na época via a mudança da capital da República para Brasília como a responsável pela construção de um epicentro gerador de progresso e civilização para uma vasta região, que até então apresentava baixa densidade demográfica. Confirmando esse posicionamento, os discursos analisados apoiavam a mudança da sede do TST, argumentando que a Justiça do Trabalho tinha o dever patriótico de colaborar com a interiorização e a ocupação dos largos espaços vazios da nação brasileira.

Nessa época, o Congresso Nacional aprovou um plano de extensão da Justiça do Trabalho no qual estava prevista a criação de 74 novas Juntas de Conciliação e Julgamento

---

(43) Antes da década de 1970, o assunto chegou ser posto em pauta de forma pontual pelo então juiz do TST Geraldo Montedônio Bezerra de Menezes, nos anos de 1948 e 1954.

(44) A competência para processar e julgar os demais servidores públicos, ou seja, os estatutários, até então, sempre foi competência da Justiça Federal.

para cada um dos oito Tribunais Regionais do Trabalho existentes. Essa ampliação da Justiça do Trabalho, até então a maior ocorrida, aumentaria consideravelmente a sua estrutura, sendo que, após realizada, contaria com 592 novos órgãos de primeira instância que viriam a se somar às 196 Juntas de Conciliação de Julgamento existentes.

Temas como cogestão, horário flexível, automatização, que estão inclusos no que ficou conhecido como novas tendências do Direito do Trabalho, surgem no TST em meados da década de 1970. Os pronunciamentos que trataram destes temas, visivelmente contrários a essas mudanças, apontavam que estas novas medidas eram consequências da privatização do Estado e que tenderiam a esvaziar o conteúdo protecionista do direito laboral, transformando-o em um direito com finalidades econômicas, como já acontecia em outros países.

Paralelamente a esses temas, em 1975, apareceu pela primeira vez no TST a preocupação com o desemprego. A questão do desemprego, neste primeiro momento em que surge, relacionava-se com a necessidade de se utilizar a tecnologia, a informática e a cibernética a serviço e avanço da civilização, com a geração de empregos.

Desde a judiciarização da Justiça do Trabalho até 1978, estiveram presentes na pauta do TST, com grande notoriedade, as discussões sobre o poder normativo e sobre a jurisprudência. A respeito do poder normativo da Justiça do Trabalho, ou seja, da função do magistrado em ditar regras quando as partes não se compusessem nos dissídios coletivos, devidamente interpostos perante seus órgãos, apesar de a Constituição de 1946 confirmar esse poder da Justiça do Trabalho, já que era exercido desde antes desta instituição passar a fazer parte do Poder Judiciário, foram suscitadas dúvidas de se a lei constitucional não deveria ser regulamentada. Alguns sustentaram que somente após a regulação da lei a Justiça do Trabalho poderia ser considerada legítima para ditar as regras nas demandas coletivas, principalmente as que tratassem, além da matéria de direito propriamente dita, das questões econômicas.

O TST, apesar do consenso sobre a necessidade de preservar o poder normativo da Justiça do Trabalho, dividiu-se em duas correntes: os que defendiam que o poder normativo da Justiça do Trabalho era amplo, assim podendo ser exercido tanto nas lides de natureza econômica, aquelas em que o magistrado criaria normas e estabeleceria condições de trabalho, como nas causas de natureza jurídica; em que o juiz, interpretando a lei ou a convenção coletiva, iria declarar o direito numa situação concreta. A outra corrente defendia apenas o poder normativo para as lides de natureza jurídica.

As críticas que foram feitas ao Governo, a partir de 1965, quando este passou a determinar, por inúmeras normas, a alteração automática dos salários, com a finalidade de combater a inflação, as quais estavam diretamente relacionadas com o poder normativo. Se até essa data a Justiça do Trabalho concedia reajustes salariais por motivo de alteração do poder aquisitivo da moeda, levando em conta inúmeros aspectos para equilibrar o capital e o trabalho (como os concernentes à compensação de majorações espontâneas ou não, à situação dos empregados novos e menores, à capacidade financeira da empresa, dentre outros), por meio de seu poder normativo, a partir de então, o Governo procedia aos reajustes salariais mediante complicadas fórmulas financeiras.

Com essa atitude advinda da política salarial, o Governo cortava fortemente a atuação da Justiça do Trabalho nesse campo. As normas legais a esse respeito foram sendo editadas até que a de 1979 estipulou que os reajustes dos salários seriam semestralmente e de acordo com o Índice Nacional dos Preços ao Consumidor (INPC). Estava criado o salário móvel: "Processa-se (a correção semestral de salários), automaticamente, sem a intervenção das classes interessadas e da Justiça do Trabalho". (MENEZES, 1984)

O outro tema muito discutido neste ínterim, a jurisprudência, sempre foi defendida e relacionada com a ideia de não possuir caráter obrigatório, ou seja, o posicionamento uniforme e pacífico do órgão de cúpula da Justiça do Trabalho não teria a força de vincular os Tribunais Regionais do Trabalho e as Juntas de Conciliação e Julgamento a julgarem da mesma maneira. Nos primeiros anos em que a Justiça do Trabalho passa a fazer parte do Poder Judiciário, a preocupação sobre o tema era firmar a jurisprudência como fonte do Direito do Trabalho, principalmente para os casos em que a lei era omissa, onde ocorriam as lacunas da lei. Na década de 1950, a preocupação passa a ser em organizar os julgados, facilitando desta maneira a sua divulgação e a sua utilização. Com esse intuito, a partir do periódico da Revista do Tribunal Superior do Trabalho referente ao ano de 1952, encontramos alguns volumes que se dedicaram a publicar ementas sobre variados assuntos julgados pelo TST. Finalmente, em 1969, passaram a ser editadas as súmulas, que consistiam no posicionamento uniforme dos Ministros do TST sobre a interpretação da alguma norma legal, mas sem caráter obrigatório para as instâncias inferiores.

Paralelamente a esta questão da jurisprudência, a Justiça do Trabalho vivenciou os prejulgados[45], sobre os quais há raras e brevíssimas menções, sem que os Ministros se posicionem favoráveis ou não. O prejulgado consistia em posicionamento do TST sobre um assunto, que tinha força vinculante para os demais órgãos da Justiça do Trabalho[46].

As funções pacificadoras da Justiça do Trabalho também sempre estiveram em evidência nos pronunciamentos no TST. Neste sentido, a Justiça do Trabalho era vista como uma instituição jurídica colaboradora com as instituições políticas e administrativas na sua implacável missão de manter a paz social e liquidar as agitações sociais que pudessem desequilibrar as relações entre o capital e a força de trabalho. Assim, eram constantes as manifestações que exprimiam que a Justiça Trabalhista ajudava a combater as teorias totalitárias: o comunismo e o fascismo.

---

(45) Os prejulgados existiam desde quando a Justiça do Trabalho foi instaurada, em 1941, mas ainda era atrelada ao Poder Executivo e quando o órgão responsável pela sua publicação era o Conselho Nacional do Trabalho, que depois viria a se tornar o TST.

(46) Segundo Maior (2006), o TST efetivamente se valeu do sistema de prejulgados a partir de 1964 até 1982, quando a Lei n. 7.033/82 o revogou.

Outro assunto que sempre apareceu na pauta do TST, entretanto, com menor frequência, sendo que se intensificou nos anos de 1975 e 1976, foi a composição paritária da Justiça do Trabalho por meio dos juízes classistas. A exaltação aos juízes não togados baseava-se na sua função de trazer à Justiça do Trabalho experiências vividas na relação de emprego, por eles contribuírem para a conciliação de patrões e empregados e, por fim, por serem os responsáveis pela constante renovação de entendimentos e conceitos na Justiça do Trabalho, dada a periodicidade com que eram substituídos pelo fato de não serem vitalícios.

Se de um lado existiram os temas mais concorridos no TST, por outro, aconteceu de temas importantes não ganharem relevo na última instância trabalhista, a saber: preocupação com o trabalhador rural[47], que não era abrangido pelo Direito do Trabalho; com o contrato coletivo do trabalho; com convenção coletiva do trabalho; com os sindicatos e suas atividades; com a greve. Importante modificação na legislação trabalhista, ocorrida em 1966, com a criação do FGTS, na época em que ocorreu, não ganhou presença nos debates do TST.

Esses trinta e dois anos da história da Justiça do Trabalho e do TST (1946-1978), relatados por intermédio da *Revista do Tribunal Superior do Trabalho*, mediante discursos e doutrinas, a grosso modo, nos evidenciaram que, de 1946 a 1954, a preocupação era defender a Justiça do Trabalho e buscar o seu reconhecimento junto ao próprio Poder Judiciário, bem como nos Poderes Legislativo e Executivo, e ganhar a confiabilidade dos trabalhadores e patrões em solucionar seus conflitos perante seus órgãos, que, por apresentarem representação paritária, facilitaria o entendimento. Neste sentido, foram constantes as defesas em prol do TST, discursos que exaltavam as inovações trazidas pela legislação laboral e pelos juízes trabalhistas ao processo e os reclamos de direitos constitucionais à magistratura trabalhista togada.

Após o referendo expresso do Supremo Tribunal Federal às funções exercidas pelo TST, em 1954, a Justiça do Trabalho consegue o reconhecimento que a torna senhora absoluta nas questões laborais. Inicia-se uma nova fase, em que a preocupação passa a ser com a ampliação de sua estrutura. O argumento corrente era que o aumento no número de Juntas de Conciliação e Julgamento e de Tribunais Regionais do Trabalho possibilitaria à Justiça do Trabalho dar conta do volume crescente de novos processos.

Na década de 1970, a Justiça do Trabalho recebeu o coroamento pelos esforços despendidos na defesa de sua ampliação, com a aprovação do maior plano de extensão já visto, o qual triplicaria o seu tamanho. Nessa época, com o reconhecimento conseguido, percebemos que os Ministros do TST começam a voltar suas atenções para a área propriamente jurídica, pois é justamente quando há a preocupação em ampliar a edição das súmulas, o que, a nosso ver, significou o ápice da metodização da jurisprudência deste Tribunal[48], bem como com medidas que auxiliassem na prestação jurisdicional mais eficiente e rápida, como a criação de códigos.

---

(47) Segundo Jatobá, citado por Noronha (2000), os trabalhadores rurais representavam 56% em 1956 e 33% em 1980.

(48) Os números de súmulas publicadas pelo TST dão a dimensão do crescimento: em 1969, 19 súmulas; em 1970, 18 súmulas, sendo que em 1980, o TST já havia publicado 117 súmulas.

Outro ponto indicativo desta preocupação com as questões jurídicas foi a estruturação pela qual passou a *Revista do Tribunal Superior do Trabalho* referente ao ano de 1976, quando a sua direção opta por ampliar a seção de colaborações doutrinárias, o que, segundo as palavras do Ministro Raymundo de Souza Moura (1977), se justificava "partindo do princípio de que se trata de uma revista jurídica" (p. 9). O citado ministro expôs que essas mudanças permitiriam que a *Revista do Tribunal Superior do Trabalho* atingisse o mesmo nível das revistas jurídicas publicadas pelos outros Tribunais Superiores.

Corroborando com as observações que fizemos, no sentido de que ora a Justiça do Trabalho se detinha com as questões referentes ao seu reconhecimento e sua ampliação, ora se voltava para as questões propriamente jurídicas, o tema sobre o poder normativo em todo o período descrito (1946-1978) esteve presente nas discussões do TST. Destarte, a defesa ao poder normativo representava, ao mesmo tempo, uma defesa à própria Justiça do Trabalho, que era a única capaz de ditar regras para um caso em concreto, como favorecia as discussões jurídicas a respeito de assunto do Direito do Trabalho.

## 3.2. A defesa do TST pelo legislado

Os assuntos predominantes no meio Judiciário Trabalhista, os quais envolviam as reformas que deveriam ocorrer com a mudança de regime, principalmente, com a Assembleia Nacional Constituinte, foram assuntos específicos envolvendo a estrutura da Justiça do Trabalho, do Direito do Trabalho, do Direito Sindical e do Processo do Trabalho.

Estes temas que permearam a pauta judiciária laboral no período pré e concomitante à Constituinte (1979 a 1988), objeto da presente pesquisa, podem ser classificados da seguinte maneira:

1. sobre a organização da Justiça do Trabalho — que tratou dos aspectos estruturais da Justiça do Trabalho com o intuito de preservar e aumentar suas funções e de apresentar soluções para os seus problemas, no sentido de agilizar a sua prestação jurisdicional. Neste tópico, estão os debates sobre a composição de seus órgãos e de seus membros; a necessidade de ampliar a estrutura física da Justiça do Trabalho; sobre o poder normativo; sobre os procedimentos que conduziriam à lide trabalhista; a respeito da competência para julgar causas trabalhistas dos servidores públicos e que legislação aplicar.

2. sobre temas gerais a respeito do Direito do Trabalho (individual e coletivo) e Direito Processual do Trabalho — em que se analisam temas amplos referentes à legislação do trabalho, como a forma como o Direito do Trabalho e do Processo do Trabalho deveria vir expressa; a discussão da necessidade de legislação intervencionista; as críticas à flexibilização dos direitos trabalhistas e a importância da jurisprudência.

3. sobre os direitos individuais — em que analisam os argumentos a favor e os contrários à preservação dos direitos individuais trabalhistas contidos na CLT e os que deveriam ganhar foro constitucional na Nova República.

4. sobre os direitos coletivos e direitos sindicais — o primeiro trata-se de direitos referentes a um conjunto de trabalhadores: greve, negociação coletiva, pacto social e cogestão. No segundo, analisam-se as formas de organização dos sindicatos e sua relação com o Estado.

Analisando os assuntos agrupados dentro desta classificação, constatamos que aqueles que não foram debatidos na Ciência Política, quais sejam, os ligados aos aspectos institucionais da Justiça do Trabalho e os temas de Direitos Individuais do Trabalho, foram os que mais frequentemente apareceram nas discussões no TST.

Percebemos que a Justiça do Trabalho se voltou para o seu próprio interesse, ou seja, para seus aspectos institucionais, principalmente para o aumento de sua estrutura e área de competência, e, nesta lógica, a defesa pela manutenção dos direitos trabalhistas no novo ordenamento jurídico ganhou importância, pois a forte presença do Estado, legislando na área do Trabalho, foi uma das causas para o não favorecimento da cultura da negociação entre as partes e, desta forma, a maioria das pendências trabalhistas teria de ser resolvida judicialmente. Esse movimento levaria às portas da Justiça do Trabalho milhares de ações, o que fortaleceria a sua importância junto à opinião pública.

Neste sentido, não houve uma grande preocupação por parte da Justiça do Trabalho em aprofundar as discussões a respeito dos Direitos Sindical e Coletivos do Trabalho. As manifestações sobre esses temas eram genéricas e não se aprofundaram como os debates entre os cientistas políticos, que se atentaram para os meios de fortalecer a negociação entre as partes, por meio de sólidas e representativas estruturas sindicais.

Um dado que corrobora a percepção de que a Justiça do Trabalho voltou-se para seus próprios interesses era que os discursos, palestras, doutrinas, em todo período militar até os primeiros anos da Nova República, não se aprofundavam em questões políticas, e as poucas críticas ao regime militar não foram realizadas de forma direta. Neste sentido, a partir do ano de 1979, quando se inicia o processo de abertura democrática, no qual a repressão aos opositores do regime começou a ser exercida de forma mais branda, encontramos manifestações na Revista do Superior Tribunal do Trabalho que indiretamente se opõem ao regime militar.

Em um de seus discursos proferidos naquele Tribunal, o Ministro do TST, Luiz Roberto de Rezende Puech (1980), teceu críticas aos regimes autoritários, e, apesar de não as fazer especificadamente para a realidade brasileira naquele período, a ela se moldaram perfeitamente. Neste sentido, referindo-se aos países ocidentais — onde os Estados estavam preocupados com o bem-estar social —, apontou a necessidade de esses Estados não se desigualarem dos indivíduos quanto à legalidade de seus atos e a importância das técnicas de controle social se compatibilizarem com o Estado de Direito. Neste quadro, necessária era a submissão do Poder Público à ordem jurídica para salvaguardar as liberdades e para evitar o arbítrio. Ademais, ressaltou que as liberdades, que consistiam nos direitos individuais, deveriam ser garantidas a qualquer pessoa, por juízes e Tribunais independentes. Em suas próprias palavras:

(...) vale dizer que o império da lei não deve traduzir-se em Império do Executivo, compreendendo-se a lei como expressão da vontade geral, impondo-se, portanto, também à administração, dando-lhe força para atuar sem que ultrapasse os limites que tantas vezes tende a deixar esquecidos; e jamais deve tornar-se expressão de autocratas. Por isso, compreendidos os direitos e respeitadas as liberdades fundamentais, sob o predomínio da velha regra republicana, de que independentes e harmônicos os Poderes entre si. (PUECH, 1980. p. 454)

Outro membro do TST, o Ministro Geraldo Starling Soares (1981) também manifestou sua oposição ao regime militar, indiretamente, quando, generalizando as condições vivenciadas pela humanidade, mencionou que a época era de atrocidades e violências que aterrorizavam a sociedade e os poderes constituídos.

Os advogados trabalhistas foram os responsáveis pelo aparecimento na pauta jurídica laboral de manifestações sobre os aspectos democráticos do novo regime, que foram relacionados com a atuação da Justiça do Trabalho. Assim, os advogados Rafael Felloni de Matos (1981), José Torres das Neves (1981) e Roberto Rosas (1986), em comum, apontaram que a Justiça do Trabalho, por estar apta a resolver conflitos entre capital e trabalho, era copartícipe do processo de redemocratização.

De um modo geral, os aspectos políticos da transição democrática estiveram poucas vezes presentes no debate dos operadores do Direito Laboral: houve praticamente um silêncio quanto às nefastas consequências do regime ditatorial brasileiro e, apenas, menção ao papel relevante que a Justiça do Trabalho exerceria na consolidação dos valores democráticos.

O discurso proferido em 22.8.1985, quando da entrega do Grão-Colar da ordem do Mérito Judiciário do Trabalho[49], no Palácio do Planalto, ao Presidente da República José Sarney, pelo então Presidente do TST, Coqueijo Costa (1986 c), ilustra de forma exemplar o silêncio do TST quanto aos aspectos políticos e à posição assumida de reforçar o papel relevante da Justiça do Trabalho neste novo regime. Apesar de o ato em si, de homenagear o Presidente da República com a mais alta condecoração da Justiça do Trabalho, ter cunho político, o discurso proferido pelo Presidente do TST prioriza as qualidades de poeta do Presidente, assim como frisa que a Justiça do Trabalho afinava-se com as metas essenciais do Governo na área do social: "Nenhuma instituição é mais sensível a esta sístole humanista do seu Governo do que a Justiça do Trabalho". (p. 212)

Demonstrado esse aspecto "apolítico" dos discursos proferidos na Justiça do Trabalho, passamos a apresentar os assuntos que fizeram parte dos debates travados no TST, no período de 1979 a 1988, os quais serão expostos segundo a classificação acima elencada.

---

(49) Ordem do Mérito Judiciário do Trabalho, instituído em 11.11.1970, destina-se a agraciar personalidades civis e militares, nacionais ou estrangeiras, e instituições civis e militares que são exemplos para a coletividade no exercício de suas funções, atividades. O Grã-Colar é a condecoração oferecida para Presidente da República e para Chefe de Estados Estrangeiros.

### 3.2.1. Sobre a organização da Justiça do Trabalho

No primeiro tópico da classificação proposta, foram inclusos diversos assuntos — aumento da estrutura da Justiça do Trabalho, poder normativo[50], arbitragem, juízes classistas, juízes provenientes do quinto constitucional, número de Ministros do TST, servidores públicos, comissões de empresas[51] e competência para legislar sobre direito do trabalho — que se relacionavam com a tentativa de dinamizar e tornar mais eficiente a Justiça Laboral que estava em crise.

Segundo o Ministro Ildélio Martins (1984), a crise da Justiça do Trabalho encontrava-se em três campos: o conjuntural, o legal e o estrutural. No aspecto conjuntural, a Justiça do Trabalho estava enfrentando o problema de as partes envolvidas no processo de produção — empregadores e empregados — situarem-se em posição de antagonismo inelutável, o que fazia com que não houvesse êxitos em realizar uma composição de interesses de forma negociada, aumentando sobremaneira os conflitos coletivos do trabalho os quais deveriam ser resolvidos por meio do poder normativo dessa Justiça. A situação impunha para a Justiça do Trabalho ditames sentenciais (sentença normativa) que ainda não eram bem aceitos ou não compreendidos pelo Supremo Tribunal Federal, que, muitas vezes, revogava cláusulas neles contidos por entender que somente matéria anteriormente regulada por lei ordinária poderia ser objeto dessas sentenças.

Quanto à crise na sua vertente legal, o Ministro Ildélio Martins menciona que a lei processual e a jurisprudência não ofereciam óbices para a interposição de recursos, a principal causa da delonga dos processos. E, por fim, no campo estrutural, o problema existente era o crescimento exacerbado do número de processos que se avolumavam frente à necessidade de aumentar as capacidades material e humana desta justiça especializada.

Dentre outros, o Ministro Luiz José Guimarães Falcão (1987) também se manifestou sobre os entraves que provocavam o retardamento nos julgamentos da lides na Justiça Laboral. Assim, aponta que, apesar de o TST ter sido o Tribunal que mais processos julgou em 1985, no total de 23.010 feitos[52], não estava dando vazão ao grande número de processos que estavam aguardando entrar em pauta para serem julgados, sendo que apenas os dissídios coletivos eram na ordem de 2100 processos. Uma das causas para

---

(50) Este tema também poderia se enquadrar no tópico 3 da classificação, em direitos coletivos, dado que o poder normativo consiste na atuação da Justiça do Trabalho em criar normas que valerão para uma coletividade de trabalhadores (categoria) e para os empregadores, que, quando em conflitos de interesses, não conseguem firmar um instrumento de autocomposição (negociação coletiva). Entretanto, escolhemos colocá-lo no tópico "organização da Justiça do Trabalho" porque percebemos que a preocupação maior dos operadores do Direito, na época, era manter e ampliar a atuação da Justiça do Trabalho, por meio deste poder.

(51) As comissões de empresas, muito embora se enquadrem juridicamente entre os direitos coletivos do trabalho, aqui foram classificadas pelo fato de a discussão em torno delas enfocar a necessidade de instituí-las para reduzir o número de processos na Justiça do Trabalho. Neste sentido, Martins (2004) expressou: "A ideia principal de instituição dos representantes dos trabalhadores perante o empregador foi de que certos conflitos existentes no próprio âmbito da empresa fossem nela resolvidos, reduzindo, com isso, o número de processos a serem ajuizados na Justiça do Trabalho." (p. 772)

(52) Em todos os órgãos da Justiça Trabalhista foram julgados 858.543 feitos, segundo Falcão (1987).

esta alta cifra de dissídios coletivos aguardando julgamento era a necessidade de os juízes do TST perderem enorme tempo para fundamentar suas decisões com a existência de lei ordinária autorizando a criação de norma reivindicada ou a condição de trabalho.

A este respeito, também houve manifestação do advogado Haddock Lobo (1987), que, além dos pontos levantados, mencionou a importância da lei da magistratura sofrer alterações para permitir que juízes de primeiro grau fossem convocados para exercerem suas atividades junto aos Tribunais quando o juiz titular saísse em férias ou afastamento, isso para não atrasar o andamento dos processos.

Outro ponto mencionado, que colaboraria para dar vazão ao número de processos, era a necessidade de a estrutura física da Justiça do Trabalho ser aumentada. Neste sentido, o Ministro Coqueijo Costa (1986b,) em seu discurso de posse no cargo de Presidente do TST, em 19 de dezembro de 1984, destacou a necessidade de uma nova sede para o TST ou então sua ampliação, pois a sede instalada em 1971, em Brasília, já não atendia às necessidades para o funcionamento das complexas atividades desenvolvidas por aquele Tribunal. Ademais, ressaltava a necessidade de completar a aquisição de sedes próprias para as 12 Regiões da Justiça do Trabalho e realizar pressão para se concretizar a criação de novas Juntas de Conciliação e Julgamento, dado que o projeto para a criação destes novos órgãos de primeira instância já estava nas mãos do Executivo.

No debate sobre a organização da Justiça do Trabalho, o tema que ganhou destaque foi o poder normativo. Os que se manifestaram a respeito defenderam o seu uso; somente o posicionamento do Ministro Coqueijo Costa foi um pouco diferente. Com relação aos limites de sua extensão, apesar de haver uma corrente majoritária no sentido de ser amplo o poder normativo, encontramos opiniões diversificadas.

O Ministro do TST, Luiz Roberto Rezende Puech (1984), apesar de não demonstrar oposição às sentenças normativas, pelo contrário, ressalta a necessidade de tutela estatal frente à falta de preparo das classes sociais dependerem exclusivamente das negociações coletivas, apontou que a sentença normativa estava muito ampla, com conteúdo que ultrapassava o conceito doutrinário de categoria, desta forma invadindo a área legislativa. Assim, por exemplo, menciona que era errôneo atribuir por sentença normativa, como vinha ocorrendo, estabilidade à gestante, que extravasava o interesse da categoria para situar-se indisfarçadamente no interesse comum, inespecífico, de toda a extensa comunidade assalariada feminina, desta forma, invadindo o conteúdo legal.

Em sentido contrário a esse posicionamento, o Ministro aposentado do TST, Geraldo Montedônio Bezerra de Menezes (1984), baseando-se na opinião de Octavio Bueno Magano, que explica que a posição dominante era no sentido de que a sentença normativa substituía a convenção coletiva não celebrada, portanto, poderia conter todas as cláusulas que nesta última pudessem estar inseridas, defende um espaço mais ampliado para a atuação dos juízes na utilização da função normativa da Justiça do Trabalho e critica os posicionamentos que restringissem o poder normativo. Segundo entendia, esses posicionamentos restritivos estariam acarretando substancial esvaziamento da solução judiciária de extinguir os focos de conflito, além do que trariam um retrocesso. Conforme expõe:

> Por esses fundamentos, não procede a afirmação contida em raros acórdãos de que contrariam a Constituição as cláusulas da sentença normativa, que não se destinarem ao resguardo do interesse específico da categoria profissional. (MENEZES, 1984. p. 97)

Reforçando seus argumentos, Menezes apontou que são atribuições distintas o poder de legislar, conferido pela Constituição ao Congresso Nacional, e o poder normativo exercido pelos Tribunais do Trabalho. Enquanto as sentenças normativas são utilizadas em casos concretos, que previamente foram ajuizados após a infrutífera tentativa conciliatória das partes e cujos efeitos se limitam às categorias profissional e econômica interessadas, as leis são estabelecidas por normas gerais, abstratas e de caráter obrigatório por todos os cidadãos.

O Ministro aposentado ainda critica a redução do poder normativo com relação aos salários. Como já mencionado, desde 1965, paulatinamente, o poder da Justiça do Trabalho em ditar regras estava sendo usurpado nas matérias de cunho econômico, chegando ao ponto, em 1979, que não mais podia nas sentenças normativas dispor sobre a correção dos salários, pois estes tinham o seu valor monetário corrigido automaticamente e semestralmente de acordo com o índice Nacional de Preços do Consumidor, que ficou conhecido como salário móvel[53].

Meneses, ainda, aponta que a mesma lei que criou os salários móveis, que cortou de vez a atuação da Justiça do Trabalho em determinar aumentos salariais, também havia criado o reajuste de natureza suplementar, sem ligação com o poder aquisitivo da moeda, que se referia à produtividade da categoria profissional. Quanto a esse reajuste, a Justiça do Trabalho manteve seu poder normativo para determiná-lo, entretanto, o grande problema era a estipulação da lei em basear o aumento pela produtividade na categoria profissional, o que tornava o índice indeterminado, obrigando aquela a criar e aplicar índices fictícios, que ela própria reconhecia.

O advogado José Torres das Neves (1981) teceu dura crítica pela restrição que a Justiça do Trabalho estava sofrendo na utilização do poder normativo pela ausência de lei que regulamentasse o artigo constitucional a esse respeito e que previa a necessidade dessa lei para especificar sobre quais assuntos o poder normativo seria aplicado. Explica que até aquele momento não houvera a necessidade desta regulamentação e que a Justiça do Trabalho vinha de forma inteligente, para evitar a revolta dos trabalhadores contra

---

(53) Meneses demonstra o seu inconformismo em relação ao posicionamento do STF a esse respeito, o qual contrariando inúmeros de seus julgamentos anteriores sobre a interpretação da Constituição que vigia à época, quando havia declarado a competência da Justiça do Trabalho para estipular tanto salários como condições de trabalho por meio de seu poder normativo, agora estava recuando a jurisprudência assentada para retirar da Justiça do Trabalho o poder normativo quanto à estipulação de salários.

o ordenamento que disciplina as relações de trabalho, deferindo por meio das sentenças normativas, dentre outras vantagens, o salário normativo, o salário de ingresso, a estabilidade da gestante.

O Ministro Luiz José Guimarães Falcão (1987), falando sobre a indefinição dos limites do poder normativo da Justiça do Trabalho, aponta que esta recebeu uma competência praticamente inexistente de solucionar dissídios coletivos, pois o artigo da Constituição Federal determinou que haveria lei ordinária especificando as hipóteses em que as decisões nos dissídios coletivos poderiam estabelecer normas e condições de trabalhos. Entretanto, até aquele momento, esta lei regulamentadora não havia sido elaborada, o que estava gerando frustrações entre a classe trabalhadora quando recorria à Justiça Laboral para clamar por melhores condições de trabalho e de salário, acreditando que encontraria uma Justiça com poderes reais de arbitragem, e deparava com limitações de esta Justiça atuar em alguns pontos, como acontecia com relação aos salários.

O Ministro, anteriormente, já havia exposto que:

> O sistema brasileiro a solução dos conflitos coletivos é a sentença normativa judicial e, ao contrário do que se afirma, a competência é ampla e está na Constituição Federal. Para que houvesse restrição, seria necessário que a Constituição ou a lei expressamente a limitasse. (FALCÃO, 1982. p. 64)

Como se expressa às vésperas da convocação da ANC, propõe que para a Justiça do Trabalho fossem conferidos amplos poderes normativos e, ao lado disso, sugere algumas medidas, tais como que a sentença coletiva tivesse eficácia pelo tempo de vigência, não gerando direitos individuais para o futuro e o estabelecimento da arbitragem. Falcão, ainda, adverte que aparelhar a Justiça do Trabalho para assumir sua verdadeira função normativa não queria dizer excluir a participação prévia do Ministério do Trabalho. Nesse sentido, alude que deveria ser condição obrigatória para o ajuizamento do dissídio coletivo na Justiça do trabalho a fase administrativa perante aquele órgão, ou, no máximo, o que poderia ser aceito era a lei facultar a escolha de árbitros particulares.

Marcelo Pimentel (1988a), que foi Presidente do TST no período de 1986 a 1988, manifestando-se no período concomitante aos trabalhos dos parlamentares constituintes, esperava que a Nova Constituição estipulasse que o poder normativo seria garantido à Justiça do Trabalho para os casos em que os interesses estivessem inconciliáveis. Mas, para esses casos, defendia que a Justiça do Trabalho pudesse escolher entre exercer amplamente o poder normativo ou determinar para as partes o comportamento que achasse adequado, como o retorno à negociação ou o fim da greve, sob pena de sanção à parte infratora. Ou seja, propunha certa limitação ao uso desmedido do poder normativo, mas para os casos específicos autorizados que a Justiça do Trabalho pudesse exercê-lo amplamente.

Apesar de o Ministro possuir uma visão não tão conservadora sobre a interferência do Estado na regulamentação das relações de trabalho, defendendo que a Nova Constituição deveria garantir apenas os direitos trabalhistas fundamentais, na defesa ao poder normativo para esses casos específicos, em que as partes não tivessem conseguido negociar, não pôs limites à ação estatal em limitar a liberdade sindical. Segundo ele próprio, esta interferência se justificava porque neste caso havia preponderância do interesse público, da coletividade de trabalhadores.

Reforçando a importância do poder normativo, o advogado Haddock Lobo (1987) menciona que Arnaldo Süssekind[54] e Délio Maranhão, nomes de peso na área jurídica laboral, veem o dissídio coletivo e a sentença normativa como um método processual de resolução de conflitos coletivos inovador e socializante do direito do trabalho.

Wilma Nogueira de Araújo Vaz da Silva (1988), juíza do Trabalho da 2ª Região, que foi a ganhadora do "Prêmio Oscar Saraiva", promovido pelo TST em 1986, discorrendo sobre o papel do juiz na criação do Direito, aponta que os julgamentos dos dissídios coletivos possibilitam a dinamicidade do Direito do Trabalho, que, desta forma, acompanha *pari passu* o desenrolar da vida na sociedade. No mais, menciona o seu caráter de periódica avaliação e reciclagem.

Como já elencado, o único posicionamento sobre o poder normativo da Justiça do Trabalho que se diferenciava dessa quase unânime opinião de que era necessário preservá-lo foi do Ministro Carlos Coqueijo Torreão Costa (1986a)[55]. Após demonstrar que a jurisprudência estava levando ao pé da letra o texto da Constituição de 1967, quando afirmava que o poder normativo não poderia atuar onde não houvesse lei preexistente, sendo que, segundo seu entendimento, era justamente nestes pontos que o poder normativo se justificava, principalmente nos dissídios de natureza econômica, expressou que naquele momento, às vésperas da Constituinte, o poder normativo não satisfazia e, se continuasse restrito da maneira que estava, era melhor então extingui-lo.

Ainda, o Ministro Carlos Coqueijo menciona a necessidade de criar outros meios de solução prévia dos conflitos trabalhistas, tanto individuais como coletivos, como a arbitragem, que já tinha sido instituída no Processo Civil, e que poderia ser exercida pelos juízes dos Tribunais Regionais do Trabalho (TRT) e do Tribunal Superior do Trabalho.

Esta proposta de possibilitar aos juízes laborais funcionarem como árbitros também foi apoiada pelo Ministro Luiz José Guimarães Falcão (1987), que sugeriu, ainda, a criação de um Conselho de Arbitragem nos TRTs, constituído por juízes classistas, de no mínimo 6 e no máximo 16 juízes, mais a participação de 3 a 6 juízes togados, sendo que novas vagas deveriam ser abertas para compor este órgão, e os juízes escolhidos ficariam limitados apenas a funcionar nesse Conselho. Já no TST, o Conselho de Arbitragem contaria com 6 classistas e mais 3 togados.

---

(54) O jurista foi Ministro do TST.
(55) O citado Ministro foi Presidente do TST de 1984 a 1986.

Outras questões específicas da estrutura interna da Justiça do Trabalho foram levantadas, como sobre os juízes classistas, juízes dos tribunais que ingressaram por meio do quinto constitucional, e sobre o número de Ministros do TST. Sobre os juízes classistas ou vocais, que eram representantes da classe dos empregadores e dos empregados, o Ministro aposentado do TST, Geraldo Bezerra de Menezes (1987), criticou em parte o projeto da Comissão Affonso Arinos que previa a sua extinção no âmbito dos Tribunais Regionais e no TST. Entretanto, quando necessário, tanto nos dissídios coletivos como nos individuais, poder-se-iam convocar representantes sindicais que representassem as partes, sendo que somente nas Juntas de Conciliação e Julgamento seus cargos seriam preservados. Segundo o Ministro aposentado, não havia necessidade de oferecer esta faculdade aos Tribunais Regionais e ao TST quanto aos dissídios individuais, porém, quanto aos dissídios coletivos, melhor que o projeto tivesse disposto que era imprescindível a atuação dos vocais, isto porque, caso não houvesse essa participação, desconfigurada estaria a Justiça Laboral.

O advogado Haddock Lobo (1987) também se posicionou favorável à manutenção do vocalato, pois o instituto marcava o caráter democrático dos tribunais trabalhistas e abrandava o exagerado tecnicismo da prestação jurisdicional. Todavia, sugeriu que os vocais viessem de organizações sindicais autônomas e livres. Para o Ministro do TST, Luiz José Guimarães Falcão (1987), os vogais deveriam exercer suas funções apenas na tentativa de conciliação, antes da audiência inaugural do processo, e na hora do julgamento, mas não na instrução processual (em que as provas são realizadas como oitiva de testemunhas, perícia).

Marcelo Pimentel (1988b), numa crítica amena aos juízes classistas, justifica que o motivo pelo qual o poder normativo da Justiça do trabalho deveria ficar limitado aos casos em que as partes apresentassem interesses inconciliáveis, era justamente pelo fato de a justiça ser tripartite, ou seja, por causa dos juízes classistas. Segundo suas palavras: "creio que a não formação profissional de alguns juízes temporários contradiz a adoção de um poder (normativo) amplo, com objetivo de evitar a variação jurisdicional excessiva" (p. 214). De forma clara, Pimentel está atribuindo aos vogais a grande variação de entendimento na interpretação das leis.

O quinto constitucional, que são as vagas nos Tribunais de juízes que devem ser preenchidas por advogados e representantes do Ministério Público, que totalizam 1/5 dos lugares, entrou para o debate pré-constituinte na Justiça Laboral por intermédio dos advogados. O Presidente da Ordem dos Advogados do Brasil, seção Distrito Federal, Maurício Corrêa (1981), em seu discurso saudando a posse do novo Ministro do TST, Leopoldo Cesar de Miranda Lima, que fora nomeado por meio do quinto constitucional, teceu críticas à maneira, segundo seu ver, negligente e despreocupada pela qual o Poder Judiciário estava preenchendo seus cargos. Um exemplo do que dizia foi o que havia ocorrido com a vaga aberta no TST após a aposentadoria de um de seus Ministros (Lopo Coelho), na qual três tentativas, anteriores ao Ministro que estava sendo empossado e a quem homenageava, de preenchimento se frustraram, sendo que duas delas por pura conveniência.

Os advogados Haddock Lobo (1987) e Amauri Serraldo (1988) manifestaram a necessidade de serem escolhidos advogados que militassem na área laboral para o preenchimento dos cargos de juízes que ingressavam pelo quinto constitucional, por intermédio de lista tríplice elaborada pela Ordem dos Advogados do Brasil, que se basearia em eleições diretas junto à classe dos advogados. Para Amauri Serraldo (1988), a escolha, dessa forma,

> (...) teria a vantagem de diminuir a responsabilidade do Senhor Presidente da República e diminuiria, obviamente, a força das influências de natureza política tão comuns por ocasião dos preenchimentos das vagas nos tribunais. (SERRALDO, 1988. p. 224)

Quanto ao número de Ministros do TST, quem levantou a questão foi o Marcelo Pimentel (1988a), então presidente do órgão de cúpula da Justiça do Trabalho, quando criticou o Projeto Bernardo Cabral, da Comissão de Sistematização da ANC, que previa o número de 25 Ministros, o que impossibilitaria a divisão dos Ministros em 5 turmas; o ideal seria elevar o número para 27.

No intuito de desafogar a Justiça do Trabalho do volume excessivo de processos, alguns juristas apontaram a necessidade de se estabelecerem comissões de empresas, instituto extra Justiça do Trabalho. Justificavam para tanto que as comissões extrajudiciais provavelmente conseguiriam resolver a grande parte dos dissídios individuais, visto que mais da metade das lides individuais resolviam-se na fase conciliatória quando levadas a juízo[56]. Neste sentido, o Ministro do TST, Luiz José Guimarães Falcão (1987), manifesta que deveria a Nova Constituição estipular a obrigação de serem instituídas comissões de conciliação no local do trabalho, nas empresas com mais de cinquenta empregados, que seriam compostas de representante dos empregados, vinculados ao sindicato da categoria, representante do empregador, e seriam presididas por advogado pago pela empresa.

Também sugerem comissões paritárias nas empresas os juristas Segadas Vianna (1984) e Arnaldo Lopes Süssekind (1984), mas, diferentemente, propunham sua instalação em estabelecimentos com mais de cem empregados.

O Ministro Marcelo Pimentel (1988b) também propôs a criação de órgão paralelos, extrajudiciais, que filtrassem os processos, chegando para a Justiça do Trabalho apenas o intricado direito inconciliável. O que idealizou foram entidades sindicais bipartites, constituídas de empregados e empregadores, sem remuneração pelos cofres públicos, nas quais se tentaria a conciliação. Segundo Pimentel, as sugeridas comissões paritárias no âmbito das empresas, além de não tirarem do ambiente de trabalho a divergência, não traria o conforto para os empregados, que certamente se sentiriam mais à vontade de pugnar seus direitos em órgão sindical.

---

(56) Arnaldo Süssekind, citado por Lobo (1987), expõe que, em 1984, das 727.227 reclamações solucionadas pelas Juntas de Conciliação e Julgamento, 389.161 (53,51%) foram conciliadas por esses órgãos.

Em defesa de uma maior estrutura para a Justiça do Trabalho no que diz respeito às matérias sobre as quais teria competência para decidir, o Ministro aposentado do TST, Geraldo Bezerra de Menezes (1987), e o advogado Haddock Lobo (1987) defenderam que a competência para julgar litígios essencialmente trabalhistas dos servidores públicos da União, inclusive autarquias e as empresas públicas federais, deveria ser da Justiça do Trabalho. Menezes, explicando o motivo pelo qual a competência não deveria ser da Justiça Federal, aponta que da maneira vigente, em que os servidores públicos regidos pela CLT tinham suas lides julgadas por outra Justiça que não a do Trabalho, estava havendo dualidade de competência para a mesma matéria (litígio trabalhista). Esta situação para Haddock Lobo gerava conflitos de interpretação entre as duas Justiças e a insegurança para os jurisdicionados de prestação jurisdicional trabalhista.

De forma diferente, Marcelo Pimentel (1988a) entendia que a competência para julgar as causas trabalhistas contra a União, autarquias e empresas públicas federais, deveria continuar na esfera da Justiça Federal, a bem do serviço público. Argumentava que, se a competência passasse para a esfera da Justiça do Trabalho, haveria diferentes entendimentos regionais, podendo ser contraditórios para relações de trabalho em que a empregadora fosse a mesma: a União.

A questão de empregados de empresas públicas, na mesma época, foi enfocada de maneira diferente, na qual se priorizou o debate acerca da conveniência de trabalhadores de empresas estatais terem suas relações de emprego reguladas por estatutos ou pela CLT. O Ministro Orlando Teixeira da Costa (1986d) e o jurista Arion Sayão Romita (1987) defendiam que os trabalhadores de empresas estatais, ou controladas pelo Poder Público, deveriam ter regime jurídico estabelecido em lei especial, ou, na expressão corrente, deveriam ser estatutários. Essa divisão era desejável enquanto o Estado fosse o interessado, como ocorria no caso de ser o empregador, direto ou indiretamente, pois a tendência era que impedisse alterações no contrato de trabalho, porque o acerto com a burocracia oficial se dava por meio de regras rígidas que dificilmente poderiam ser ajustadas; o que diferenciava muito da situação dos trabalhadores privados, que sempre tinham a possibilidade de ajustes e de várias tratativas.

Em síntese, percebemos que, seguindo a tendência de destacar os assuntos relacionados com sua estrutura, a Justiça do Trabalho, neste período de redemocratização, continuou a priorizar o mesmo debate que já fazia desde a sua judiciarização. Neste sentido, o assunto debatido com maior frequência foi sobre o poder normativo, que desde 1965 estava sofrendo diminuição no que dizia respeito às matérias de cunho econômico. A defesa ao poder normativo se intensificou a partir de 1979, quando a política salarial do governo implementou o salário móvel, desta forma retirando da Justiça do Trabalho o poder de determinar os aumentos reais de salários.

Com o crescimento vertiginoso do número de processos e com o problema da prestação jurisdicional oferecida ser cada vez mais lenta, a discussão no decorrer dos anos demonstra a incessante busca dos juristas na tentativa de solucionar os seus problemas institucionais. Assim são apresentadas diversas sugestões quanto à organização da

Justiça Laboral a fim de agilizar a prestação jurisdicional: permissão para que os juízes de primeiro grau ajudassem nos julgamentos dos TRT(s); instituição de comissão de empresas ou outras comissões extrajudiciais que se encarregassem das conciliações e deixassem para a Justiça do Trabalho o intricando direito inconciliável; valorização da atuação dos juízes classistas na fase conciliatória.

Outros assuntos envolvendo os aspectos organizacionais da Justiça do Trabalho, os quais também ganharam o debate, eram sobre aspectos específicos dessa Justiça: o ingresso pelo quinto constitucional, que deveria ser respeitada a forma de prover o cargo, principalmente quando viessem da advocacia; o número de Ministros no TST e a possibilidade de dividi-los em Turmas; a competência da Justiça do Trabalho para julgar servidores públicos regidos pela CLT.

### 3.2.2. Sobre temas gerais a respeito do Direito do Trabalho (individual e coletivo) e Direito Processual do Trabalho

Havia no meio jurídico laboral a discussão a respeito de alterar a Consolidação das Leis do Trabalho (CLT) ou, então, codificar as leis do trabalho e de processo do trabalho[57]. Segadas Vianna (1984), que foi um dos formuladores da CLT, era contrário à codificação do Direito do Trabalho, pelo fato de o código "não poder sofrer as constantes mutações decorrentes das alterações continuadas em um mundo em crescente progresso, especialmente tecnológico" (p. 85). Salientou que na revisão da legislação trabalhista deveriam ser ouvidos os estudiosos do Direito do Trabalho, os advogados, os professores e os Magistrados, a fim de que não ficasse a mercê de injunções políticas e interesses eleitoreiros.

Contrariamente, na visão do Ministro Carlos Alberto Barata Silva (1984), era o momento para a codificação do Direito Processual do Trabalho, que, segundo ele, já era um consenso, e do Direito do Trabalho. Porém, ressalva que conviria excluir da codificação o direito sindical que deveria ser objeto de lei própria que garantisse a liberdade sindical e estimulasse a negociação coletiva para regular no que o código fosse omisso. Nesta mesma linha de pensamento, o juiz togado do TRT da 10ª Região,

---

(57) A discussão acirra-se neste momento, mas sempre esteve em pauta. Russomano (1985) elenca as inúmeras tentativas frustradas de alteração da legislação trabalhista: 1. em 1950, projeto de Segadas Vianna e de Carlos Lacerda, conhecido de "Código do Trabalho"; 2. na mesma época houve a elaboração de um projeto de Código de Processo do Trabalho; 3. anteprojeto de Russomano de um Código de Processo do Trabalho que continha também a organização judiciária trabalhista, em 1961; 4. no governo de João Goulart, simultaneamente foi elaborado um Código do Trabalho por Evaristo Moraes Filho, e um Código de Processo do Trabalho por uma comissão que participava Arnaldo Süssekind e Russomano, dentre outros; 5. em 67, após os últimos projetos haverem sidos arquivados, foi novamente proposto ao Congresso Nacional o Código de Processo do Trabalho, mas revisado; 6. na presidência do General Ernesto Geisel, em 1979, foi nomeada uma comissão interministerial, na liderança de Arnaldo Süssekind, para propor reformas à CLT, que prosperou em parte, no atinente às férias e à higiene de segurança do trabalho, que foram convertidos em lei; 7. ainda no governo de Geisel, foi nomeada nova Comissão interministerial, sob presidência do Ministro Murilo Macedo e coordenação de Russomano, quando foram propostos os sistemas de códigos, a iniciar pelo de processo do trabalho.

Sebastião Machado Filho (1984), defende a codificação do Direito do Trabalho e do Direito Processual do Trabalho, expondo que os opositores, que alegavam a fossilização do Direito com a codificação, partiam de pressupostos superados de que o Código era obra definitiva, eterna. Para ele, em verdade esse "conceito" não era mais aceito, sendo que inúmeros países já haviam adotado um Código do Trabalho.

Segundo o jurista Orlando Gomes (1984), um dos debatedores do Seminário de Direito do Trabalho[58], expressando seu posicionamento, visivelmente destoante da posição assumida pelo TST, principalmente quanto à necessidade de intervenção estatal em matéria trabalhista, a CLT chegou ao seu quadragésimo aniversário em completa defasagem, o que não aconselharia a sua reforma e nem a codificação do direito laboral. A reforma não traria benefício, pois se esgotaria na legislação vigente que estava lastreada na ideologia do direito corporativo da Itália fascista. Por sua vez, a codificação não seria propícia porque engessaria o direito numa época que, segundo o seu ponto de vista, era a "reprivatização" do Direito do Trabalho, que para ele seria a adoção da negociação coletiva. Em suas palavras,

> (...) as partes sociais (empresários e sindicatos) devem elaborar, elas próprias as regras de sua convivência, fora de toda e qualquer ingerência de poderes públicos. (GOMES, 1984. p. 44)

O posicionamento do jurista Gomes aponta que havia uma questão anterior ao debate sobre se as alterações da legislação trabalhista deveriam ocorrer na própria CLT ou se por códigos, qual seja, se deveria continuar a intervenção Estatal na área trabalhista. Assim, o Ministro aposentado do TST, Arnaldo Süssekind (1980), levando em consideração a defesa de Amauri Mascaro Nascimento à solução jurisdicional, aponta a inviabilidade de, naquele momento, substituir o direito laboral ditado pelo Estado pela negociação livre entre as partes envolvidas, porque o grau de sindicalismo de regiões menos desenvolvidas do país não garantiria a proteção ao trabalhador:

> (...) enquanto o Brasil estiver desigualmente desenvolvido sob o prisma socioeconômico, com regiões altamente industrializadas, providas de sindicatos fortes, em contraste com outras em vias de desenvolvimento, ou subdesenvolvidas, onde as associações sindicais são, em geral, inexpressivas, o Estado não poderá modificar o caráter de intervencionismo básico da sua legislação de proteção ao trabalhador, porquanto lhe incumbe assegurar a todos os trabalhadores direitos mínimos irrenunciáveis, inspiro nos princípios da Justiça do Trabalho. (SÜSSEKIND, 1980. p. 38)

Ainda, para reforçar seu argumento, Süssekind registra que a Organização Internacional do Trabalho (OIT), no relatório resultante do documento-base submetido ao "Simpósio sobre a promoção da negociação coletiva da América Latina", ocorrido em Caracas, em 1977, reconheceu as razões pelas quais o Estado teve de legislar, na

---

(58) Realizado para a comemoração do 40º aniversário da CLT.

América Latina, sobre diversos assuntos da relação do trabalho, impondo as condições mínimas de trabalho, que constituem a base legal do contrato de trabalho. Entre essas condições figuram o grau de industrialização, a composição da mão de obra, a formação da consciência sindical e o caráter autocrático do poder político e as relações entre estes e as organizações de trabalhadores.

No mesmo sentido, o Ministro Luiz Roberto Rezende Puech (1984) acreditava que seria muito difícil sobrepor o regime do direito do trabalho então vigente, o legislado, pela negociação coletiva do trabalho, visto que as classes sociais ainda não se encontravam habituadas, frente à tradição intervencionista do Estado, e estavam despreparadas, não contando com sindicatos livres e atuantes. Deveria continuar vigendo o poder normativo, que possibilitava à Justiça do Trabalho resolver os desentendimentos entre a coletividade de empregados e empregadores, quando os instrumentos de autocomposição, como a negociação coletiva, não surtissem efeito. O Ministro Luiz José Guimarães Falcão (1987), também se posicionando a favor do intervencionismo estatal, acreditava que "o mundo moderno não cria condições para uma espontânea negociação, sendo indispensável a presença do Estado no embate entre empregados e empregadores" (p. 121).

Para o Ministro do TST, Orlando Teixeira da Costa (1984b), era necessário que o Estado retraísse seu intervencionismo nas relações de trabalho de forma paulatina a fim de que a negociação coletiva prosperasse. Aponta que as reformas na direção das negociações coletivas, apesar de graduais, deveriam ser profundas, principalmente no tocante à organização sindical, que necessitava ter representatividade ante seus associados e contar com a pluralidade sindical. Já o direito de greve deveria deixar de ser tão controlado e regulamentado pelo Estado.

Para o Ministro Marcelo Pimentel (1988a), o Estado poderia intervir, legislando sobre a área trabalhista, porém, na Constituição deveriam vir expressos apenas os direitos fundamentais, deixando para leis infraconstitucionais e para os meios de solução de dissídios coletivos estipular os outros.

> Tenho pensamento próprio sobre o que seria para mim a Constituição ideal. No campo trabalhista deveria desenhar um quadro mais limitado em que se faria: I – discriminar os direitos fundamentais, estabelecendo que os demais seriam objeto de lei, negociação coletiva ou de decisão normativa, tornando, assim, com poucas palavras, claro que a *negociação coletiva poderia tudo o que não contrariasse a Constituição, ou fosse pertinente à relação de trabalho.* (PIMENTEL, 1988a. p. 16) (grifo nosso)

Havia entendimento, como do Ministro Carlos Alberto Barata Silva (1986), de que a Nova Constituição deveria consagrar maior número de direitos do trabalhador do que fez a de 1967, isto porque esta seria a maneira de garantir as vantagens de um regime democrático para os trabalhadores.

Discussão diretamente relacionada com os limites do intervencionismo do Estado na legislação laboral era sobre a diminuição de garantias dos trabalhadores com a flexibilização dos direitos trabalhistas. Coqueijo Costa (1987a) apontou que a crise econômica mundial, iniciada na década de 1970, era "nada mais, nada menos, que a crise de escassez de trabalho" (p. 90), o que gerou uma política dinamizadora e flexibilizadora do mercado de trabalho, responsável pela criação de um direito do trabalho emergencial, em que passa o contrato de trabalho determinado a prevalecer sobre o indeterminado. O Ministro conclui que a crise se tornou crônica e a legislação transitória também, o que era um erro, dado que, enquanto a crise era econômica, o direito do trabalho não o era, podendo perfeitamente enfrentar as mudanças provenientes da crise com o uso da jurisprudência por exemplo, conforme estavam fazendo os tribunais do trabalho brasileiro.

Para o Ministro Orlando Teixeira da Costa (1987b), o Direito do Trabalho brasileiro não havia fugido dessa tendência, ao seu ver negativa, quando criou a Lei n. 6.019/74, que dispunha sobre o trabalho temporário nas empresas urbanas, e ao editar o Decreto-lei n. 1.034/69, que instituiu a obrigatoriedade do serviço de segurança nos bancos, Caixas Econômicas e cooperativas de créditos. Essas leis permitiam que esse serviço fosse prestado por empresas especializadas em vigilância, prática reforçada com a aprovação da Lei n. 7.102/83, que estabeleceu normas para a constituição e o funcionamento de empresas de vigilância e transporte de valores. Ademais, aponta que outra medida, dentro dessa tendência, foi quando o Ministério do Trabalho reconheceu como categoria econômica as empresas de asseio e conservação, o que havia motivado o Governo a elaborar projeto regulando a exploração dessa mão de obra, que era contrário ao posicionamento do TST, que já havia se manifestado por meio da Súmula n. 256[59].

O jurista Orlando Gomes (1987), indicando essas novas tendências mundiais negativas ao direito do trabalho, sugere que a solução para adequá-lo à cultura industrial, que em estágios mais avançados inevitavelmente acarreta o desmoronamento deste modelo de proteção social ditada pelo Estado, seria a escolha pelo meio autônomo de solução de conflitos decorrentes da relação de trabalho.

> A reconstituição da coletividade do trabalho impõe-se em face dos abusos no uso do trabalho temporário, do trabalho de tempo parcial e de outras práticas de marginalização ou de exclusão do âmbito da legislação trabalhista de jovens trabalhadores noviços, admitindo-se, entretanto, a necessidade de que as empresas disponham de uma certa flexibilidade na gestão do seu pessoal. (GOMES, 1987. p. 148)

Na órbita do tema sobre a desatualização do Direito Laboral, constante era a observação da importância dos julgamentos proferidos pelos Tribunais, que, no âmbito do Direito, é denominado de jurisprudência, em um quadro em que as normas jurídicas, que estavam cristalizadas na CLT, não acompanhavam a velocidade das alterações dos

---

(59) A Súmula n. 256 dispõe: "Salvo os casos de trabalho temporário e de serviços de vigilância, previstos nas Leis ns. 6.019, de 3 de janeiro de 1974, e 7.102 de 20 de junho de 1983, é ilegal a contratação de trabalhadores por empresa interposta, formando-se o vínculo empregatício diretamente com o tomador de serviços."

fatos sociais. O Ministro do TST, Carlos Coqueijo Torreão Costa (1984a), ressaltou a importância que a jurisprudência estava assumindo na Justiça do Trabalho, destacando o papel da súmula, que consiste no enunciado que reproduz o entendimento da jurisprudência uniforme e reiterada. Para Antonio Lamarca (1986), na época Ministro aposentado do TST, a súmula de jurisprudência, por encerrar qualquer discussão da interpretação da norma jurídica, apresentava o valor de norma consuetudinária (segundo o costume), o que deveria fazer com que os juízes inferiores obrigatoriamente as respeitassem.

Ainda para Lamarca, a finalidade da súmula, conforme o próprio prefácio da primeira edição oficial da Súmula salientava, era proporcionar maior estabilidade à jurisprudência e facilitar o trabalho dos operadores do Direito e do Tribunal, simplificando o julgamento das questões frequentes.

Quanto a essa questão da obrigatoriedade da súmula, é importante notar que até 1982 existiram os prejulgados do TST, que, por lei, obrigatoriamente deveriam ser seguidos pelos juízes de primeira instância e pelos TRTs. Os prejulgados, segundo Carrion (2002), que tinham sido revogados tacitamente pela Constituição de 1946, voltam a ser editados em 1963, após 17 anos, pelo TST[60]. Apesar de o tema ser relevante, não foi debatido no TST. Lamarca (1986) a ele fez uma menção, quando comparando-o com o poder vinculatório que atribui à súmula, limitando-se a expressar que a motivação dos juízes inferiores seguirem a súmula seria diferente do que ocorria com os prejulgados, que eram obrigatórios apenas por força de disposições legais.

O Ministro Presidente do TST, Marcelo Pimentel (1988b), em seu discurso de posse, às vésperas da convocação da ANC, defendeu o poder vinculatório das súmulas do TST, isto no sentido de agilizar os julgamentos das lides trabalhistas. Argumentando a favor do poder vinculatório das súmulas, que para ele sintetizavam o entendimento pacífico do TST, criticou as instâncias inferiores que estavam violando a jurisprudência uniforme daquela corte superior trabalhista, pois essas decisões ofereciam ilusões de êxito que esbarrariam na decisão via recurso do TST.

Ainda a respeito da jurisprudência, havia opiniões dentro do Tribunal Superior do Trabalho, como do Ministro Marco Aurélio Mendes de Faria Mello (1986), que eram favoráveis à uniformização da jurisprudência, por meio de Súmulas, também nos Tribunais Regionais do Trabalho, cabendo a cada um editar as suas, a fim de diminuir os recursos. Assim se contribuiria para a celeridade e economia processual, além de evitar que um mesmo Tribunal proferisse sentenças díspares para o mesmo assunto, como vinha ocorrendo nas decisões elaboradas por Turmas, Câmaras diferentes.

Analisando os assuntos debatidos na Justiça do Trabalho neste período de elaboração do novo ordenamento constitucional, percebemos mediante esta pauta mais geral, neste item apresentada, e pelos debates travados a respeito da estrutura da Justiça do Trabalho,

---

(60) Carrion (2002) explica que os prejulgados, apesar deste poder vinculatório, eram rejeitados expressa e repetidamente na fundamentação das sentenças, sem qualquer censura dos tribunais superiores.

anteriormente expostos, que houve uma grande preocupação, de uma corrente majoritária dentro da Justiça do Trabalho, de defender a intervenção estatal na regulamentação das relações do trabalho e a manutenção dos direitos trabalhistas no regime democrático.

Este apoio ao intervencionismo estatal na área laboral indiretamente significava uma oposição ao fortalecimento das negociações diretas entre os empregados e empregadores, o que necessariamente acarretava a indispensabilidade das normas, ditadas por esse mesmo Estado, para disciplinar as relações de emprego e, sobretudo, para proteger a parte mais fraca dessa relação: o empregado. Nesta lógica, em que as partes não possuem a cultura da negociação e, por isso, provavelmente os conflitos não são resolvidos pelos meios de autocomposição, ganha destaque o papel desenvolvido pelos meios heterônimos de solucionar as pendências, que, no caso brasileiro, seria a Justiça do Trabalho.

Neste sentido, essa corrente majoritária dentro da Justiça Laboral defende um espaço maior para seus membros atuarem na solução de conflitos não resolvidos pela negociação coletiva, por meio do poder normativo. A defesa pela manutenção e pela ampliação do poder normativo da Justiça do Trabalho é justificada por seus defensores pelas benesses que traz para a dinamização do Direito, dado que a produção legislativa, ainda que no Brasil seja preferível a solução negociada, não consegue acompanhar as inovações no mundo do trabalho.

A atuação do órgão especializado do Poder Judiciário na área do trabalho também é defendida na solução dos dissídios individuais, porém, é esse tipo de conflito que maior volume de processos acarreta e congestiona a Justiça do Trabalho. Para resolver esse impasse, a maioria dos membros da Justiça do Trabalho defende a ampliação de sua estrutura e a implantação de medidas para torná-la mais eficiente e mais rápida. Neste quadro, surgem as discussões no sentido de alterar as normas de processo de Direito do Trabalho, de criar comissões extrajudiciais para solucionar as pendências na fase conciliatória, contudo, reservando à Justiça do Trabalho a solução de causas litigiosas mesmo quando se sugerem outros mecanismos, como o da arbitragem[61], a utilização de enunciados proferidos pelo TST e seu poder vinculatório.

### 3.2.3. Sobre os direitos individuais

Um dos temas mais debatidos de direito individual do Trabalho, no TST, neste período da Constituinte, foi a estabilidade do trabalhador no emprego. Segundo Arnaldo Süssekind (1988), anteriormente à instituição do Fundo de Garantia por Tempo de Serviço (FGTS)[62], o direito à estabilidade no emprego ocorria após o decurso de dez anos, quando o trabalhador somente poderia ser despedido por justa causa,

---

(61) Isto é claramente visualizado na proposta do Ministro Luiz Guimarães Falcão (1987), que sugere a criação de órgão de arbitragem dentro dos TRTs.

(62) Diferentemente do que ocorreu na época em que foi instituído, quando não ganhou o debate no TST, neste período o tema ganha notoriedade.

ou seja, quando cometia alguma falta grave ou quando o estabelecimento ou setor onde trabalhava se extinguia. Ocorria, entretanto, que, antes de completar o decênio, muitos empregadores procediam à dispensa sem justa causa, o que acabou por provocar o surgimento do FGTS, que visava assegurar aos empregados uma garantia por tempo de serviço com a instituição de uma reserva de numerário, o qual poderia ser sacado quando, entre outras hipóteses, fosse dispensado[63]. Porém, a falta de garantia no emprego não se resolveu, pelo contrário, aumentou, dado que o FGTS ampliou o direito potestativo do empregador em rescindir contratos de trabalho.

A solução para o problema, segundo Süssekind, era a já sugerida por Délio Maranhão, de aplicar a todos os empregados o regime do FGTS (pois ainda não era aplicado aos trabalhadores rurais) acoplado a um sistema de segurança no emprego, de forma a impedir a despedida arbitrária. Neste sentido, menciona que, no geral, em outros países que adotaram a estabilidade no emprego, após o período de seis a vinte meses de trabalho, nas empresas com determinado número de empregados, a despedida tinha de se fundar numa causa que a justificasse, ou baseada na capacidade ou falta do empregado, ou na capacidade produtiva da empresa.

Süssekind sugeriu que no novo texto constitucional constasse o princípio de garantia do emprego contra a despedida arbitrária, "não sendo pertinente à Carta Magna disciplinar todos os aspectos e condições que devem ser considerados na aplicação dessa norma programática, cumprirá à lei dispor sobre a respectiva regulamentação" (p. 44). Na defesa de a Constituição compatibilizar a norma de garantia de emprego com o FGTS, o advogado Haddock Lobo (1987) expõe que isso seria importante medida para evitar a dispensa arbitrária, que nos últimos anos era a responsável pela transformação da Justiça do Trabalho na alcunhada "Justiça de Desempregados".

O Ministro Orlando Teixeira da Costa (1988), analisando as constituições de outros países, constatou que há uma diversidade de assuntos normatizados, que vão além dos estreitos limites da organização dos Estados, e concluiu pela inclusão na Nova Constituição do tema sobre a estabilidade no emprego, assim como da jornada de trabalho, por apresentarem natureza constitucional. Ressalta que os temas deveriam ser tratados pela Constituição de forma sucinta, sem dispor de excessivos detalhes que deveria a legislação infraconstitucional prever.

Contrariamente ao FGTS, Emílio Ribeiro de Vilhena, citado por Cesarino Júnior (1984), que compartilhava de mesma opinião, expôs:

> Princípio que sofreu o maior impacto no Direito Brasileiro foi o da continuidade da relação. Quem o infringiu foi a Lei n. 5.107/66 — a Lei do Fundo de Garantia pelo Tempo de Serviço. O Fundo de Garantia liberou as rescisões. Não apenas extinguiu a estabilidade, mas a própria indenização a cargo do

---

(63) Neste período, em tese, tratava-se de uma escolha do empregado entre o FGTS ou a estabilidade decenal. De fato, o que ocorria era a imposição dos empregadores, na hora de contratar, para que seus empregados optassem pelo FGTS.

empregador, que era um obstáculo às dispensas (...) Enquanto o regime de rescisão pela CLT abrigava um sentindo personalista de proteção ao emprego e à subsistência, o sistema do Fundo importou em uma acentuação da economicidade da relação de trabalho: o empregador exonerado dos encargos da dispensa e o empregado sempre fixado no levantamento de importância de fácil diluição em seu giro pessoal ou familiar. (CESARINO JUNIOR, 1984. p. 59)

O Ministro do TST, Carlos Coqueijo Torreão da Costa (1986a), mencionou que o FGTS era um instrumento do direito econômico, demonstrando que no Brasil, há algumas décadas, o Direito do Trabalho estava se subordinando ao Direito Econômico.

O Ministro Marcelo Pimentel (1988a) era favorável à garantia de emprego, com algumas ressalvas, e acreditava que a Constituição deveria dispor que a estabilidade deveria ser conquistada em negociação coletiva, para trabalhadores com mais de três anos de experiência, sendo que, na falta de acordo, a Justiça do Trabalho baixaria a norma conveniente. A ressalva que levantava era em relação a alguns empregos, que pela sua própria natureza não admitiam a estabilidade: esportistas, artistas, etc. Para estes, seria necessário um seguro especial que substituísse a garantia e que tivesse as limitações estabelecidas igualmente em negociações coletivas e, quando estas não tivessem sido firmadas, por sentença normativa.

Outros direitos individuais trabalhistas fizeram parte dos debates pré-Constituintes na Justiça do Trabalho, mas não apareceram na mesma frequência que o direito à estabilidade no emprego; são eles: férias, trabalho do menor de 12 anos, trabalho da mulher, regulamentação das profissões, jornada de trabalho, condições de trabalho, salário mínimo e contribuições previdenciárias, recibo de pagamento, hora extra, insalubridade, suspensão disciplinar, dispensa por justa causa, seguro desemprego, intermediação de mão de obra e participação nos lucros da empresa. Via de regra, encontramos apenas um ou no máximo dois juristas comentando sobre cada um desses temas.

Segadas Vianna (1984) balizou alguns pontos que deveriam ser alterados na legislação trabalhista, como as férias, o trabalho do menor de 12 anos e a regulamentação da profissões. Sobre as férias, alertou para a necessidade de ser extinta a possibilidade de o trabalhador negociar 10 dias de seu repouso, vendendo-os ao empregador, e que elas deveriam ser proporcionais à idade do trabalhador e ao seu tempo de serviço. Com relação à proibição do trabalho para menores de 12 anos, conforme previa a Constituição de 1967, contrariava a Organização Mundial do Trabalho (OIT), que já havia convencionado a idade mínima de 14 anos. Finalmente, quanto à regulação das profissões, Vianna entendia que as mais de setenta existentes na CLT necessitavam ter um estatuto próprio.

Arnaldo Süssekind (1985), expondo algumas das ideias que defendeu na Comissão Interministerial que tinha por finalidade propor reformas à CLT, em 1979, apontou as alterações que a legislação pertinente aos direitos individuais do trabalho deveria sofrer: 1. na fixação periódica do salário mínimo incluir o valor das contribuições da

Previdência Social, obrigatoriamente descontadas da remuneração mensal do empregado; 2. imposição do limite de horas extraordinárias e a consequente transitoriedade de sua prestação, porque estava ocorrendo das horas extras serem habituais; 3. frente à vigência da permissão constitucional para o trabalho para menor de 12 a 14 anos, deveria a lei ordinária regulamentá-la com severas restrições: proibição do trabalho em estabelecimentos industriais ou empresa de transporte, prévia autorização do Juiz de Menores ou Delegado Regional do Trabalho, fixação de jornada de 6 horas diárias; 4. sobre o trabalho da mulher, a legislação deveria eliminar a superproteção geradora de discriminações e deveria proteger a maternidade, como a licença maternidade e a estabilidade; 5. ser instituída a obrigatoriedade de o empregador fornecer ao empregado demonstrativo das parcelas salariais pagas e dos descontos efetuados; 6. a suspensão disciplinar do empregado, ato unilateral do empregador, ficaria restrita em dez dias; 7. obrigatoriedade de comunicação escrita ao empregado quando dispensado por justa causa, com a indicação dos fatos que a motivaram, no prazo de dez dias; 8. a lei deveria prever e disciplinar as alterações de condições de trabalho na hipótese da implantação na empresa de novos equipamentos tecnológicos.

Marcelo Pimentel (1988b) propôs a fixação por lei (constitucional ou ordinária) de adicional mínimo para a hora extra; seguro desemprego apenas para o desemprego involuntário; que os domésticos deveriam ter garantido ao menos o direito ao fundo de garantia e à previdência integral; defendeu a instituição de uma conjunção de medidas com relação à insalubridade, como a fixação de adicional e de medidas para amenizá-la, como limitação do tempo de trabalho em tais condições. Ainda concordava com a proibição da intermediação da mão de obra, que, segundo ele, apesar de não ser matéria constitucional, deveria lá constar para combatê-la melhor.

Quanto a este último aspecto, o Ministro Orlando Teixeira da Costa (1987b) aludiu que as transformações no Direito do Trabalho no sentido de flexibilizá-lo, como é o caso com a intermediação de mão de obra, não possuía natureza fortuita e incidental, e, sim, atingia o âmago de sua concepção: "derroga princípio considerado particularmente importante e urgente, pela Carta Internacional do Trabalho (art. 427 do Tratado de Versalhes), qual seja, o de que o trabalho não deve ser considerado simplesmente como uma mercadoria" (p. 155).

Quanto à participação nos lucros da empresa, o Ministro Marcelo Pimentel (1988a) defendia que não viesse expresso na Constituição, pois se tratava de matéria que deveria a convenção coletiva estipular, e, se em último caso não houvesse acordo, poderia a sentença normativa fixar.

Destes direitos individuais do trabalho que deveriam ser garantidos na Nova Constituição, como vimos, o que foi objeto de maiores discussões na Justiça do Trabalho, em particular no TST, foi a estabilidade do emprego e sua garantia. Esse direito individual do trabalho era o que mais assegurava o respeito ao princípio do Direito do Trabalho da continuidade no emprego. Ademais, percebemos que justamente quando esse princípio começa a ser desrespeitado, com a instituição do FGTS, que torna mais fácil a dispensa sem justa causa, a discussão sobre as formas de flexibilização do Direito do Trabalho, entre elas a intermediação, desponta na Justiça do Trabalho com forte oposição a sua realização.

### 3.2.4. Sobre os direitos coletivos e direitos sindicais

Preferimos tratar dos direitos coletivos e sindicais conjuntamente devido a forte correlação que há entre ambos. Essa ligação é tão estreita que há doutrinadores, como Sergio Pinto Martins (2004), que incluem no direito coletivo do trabalho os assuntos sobre a organização de sindicatos, que aqui chamamos de direito sindical.

Os assuntos de direito sindical e de direito coletivo do trabalho, na maioria das vezes, quando apareceram no TST, seja por meio de discursos, palestras ou por doutrinas, não eram o objeto principal a ser discutido, e sim, de forma secundária, a eles havia referências no sentido de que mudanças eram necessárias para adequá-los aos princípios democráticos. Constatamos que os temas somente foram objeto de estudos mais apurados nos periódicos referentes aos anos de 1982 e 1986, respectivamente, nas quais foram publicadas as monografias vencedoras do 1º e 2º lugares do Prêmio Oliveira Viana[64] e os trabalhos apresentados no Seminário do Direito do Trabalho comemorativo dos 40 anos do TST[65], promovido pelo TST e pela Academia Brasileira de Direito do Trabalho. Isso corrobora com o que afirmamos quanto à hierarquia de interesse por assuntos na pauta da Justiça do Trabalho.[66]

No espectro do Direito Sindical, posicionando-se a favor da pluralidade sindical, sistema diferente do que estava em vigor, estavam: Orlando Teixeira Costa e Mozart Victor Russomano e o jurista Octavio Bueno Magano. Contrário à pluralidade sindical, logo, a favor da unicidade sindical, encontrava-se Arnaldo Lopes Süssekind.

Octavio Bueno Magano (1987) cita que a Constituição de 1967, embora previsse a liberdade de organização sindical, encerrava-se no ranço corporativismo da época de Getúlio, pois, na verdade, o sindicalismo era visto como função delegada do poder

---

(64) Em 1º lugar foi classificada a monografia de João Batista da Silva, advogado, com o trabalho "Convenção Coletiva do Trabalho: do Contratual ao Normativo"; o 2º lugar ficou para Walter Batista Moreno, juiz da Junta de Conciliação e Julgamento de Sobral, com o título "O Direito de greve e sua implicações na ordem social, econômica e jurídica". Parece-nos que a premiação para monografias referentes a temas de direito coletivo do trabalho e direito sindical foi uma tentativa do TST em reparar essa tendência em priorizar os debates sobre direitos individuais do trabalho.

(65) Ocorrido em Brasília, em 23 de setembro de 1986, no Auditório da Ordem dos Advogados do Brasil, reproduzidos na *Revista do Tribunal Superior do Trabalho*, ano de 1986.

(66) Esta hierarquia de interesses, em que indubitavelmente foi priorizado o Direito Individual, ficou claro no I Congresso Brasileiro de Direito do Trabalho, ocorrido em Brasília, no período de 25 a 28 de outubro de 1984, promovido pelo TST e pela Academia Nacional de Direito do Trabalho, que tinha por finalidade debater a reforma da Consolidação das Leis do Trabalho, que contou com a inscrição de 15 palestrantes para apresentarem diferentes temas em direito individual do trabalho e de apenas 3 inscrições para apresentação de temas de direito sindical.

público. Ainda, com relação ao texto adotado na Comissão de Affonso Arinos[67], se opõe pelo fato de coibir limitação à organização sindical apenas quando proveniente de lei, pois, a *contrario sensu*, supunha a possibilidade de restrições por convenções ou acordos coletivos e por sentença normativa. Segundo seu entendimento, a organização sindical deveria ser livre da intervenção do Estado, ter autonomia para autodeterminar o próprio interesse, ter como corolário o pluralismo e a possibilidade de se agrupar em federações, confederações, centrais sindicais e entidades internacionais.

Mozart Victor Russomano (1987) entendia que o tema sindical não deveria integrar a Constituição, porém, como acreditava que a nova Carta Magna iria dispor sobre o assunto, dada a penetração crescente da norma constitucional em todos os principais setores da vida do país, esperava que a Constituição previsse: sindicalização livre e não obrigatória; completa autonomia sindical; possibilidade de organizar sindicatos dissidentes na mesma base territorial, ou seja, a proclamação do princípio de pluralidade sindical. Com este pensamento, achava primordial que fosse eliminada a contribuição sindical, pois esta era utilizada pelos sindicatos pelegos e pelo próprio Ministério do Trabalho, que financiavam grande parte de seus gastos — que deveriam ser pagos pela União — com a parcela descontada do salário dos trabalhadores.

A favor de manter a unicidade sindical, Arnaldo Lopes Süssekind (1984) assinalou que em países em desenvolvimento, como o Brasil, a pluralidade sindical fracionaria e enfraqueceria a representação dos trabalhadores. Ademais, os sindicatos acabariam por representar interesses políticos, religiosos ou correntes filosóficas que os desvirtuariam de atender os interesses profissionais. Contudo, Süssekind era favorável a uma maior autonomia sindical; com isso, julgava indispensável revogar a faculdade atribuída ao Ministro do Trabalho para intervir em entidades sindicais e suspender ou cassar mandatos de dirigentes eletivos.

Assim como a opinião de Süssekind sobre a necessidade de não intervenção do Estado nos sindicatos, encontramos outros juristas que se posicionaram da mesma forma, a saber: Segadas Vianna, Barata e Silva, Russomano, Magano. A esse respeito, não encontramos manifestações em sentido contrário.

Já no âmbito dos direitos coletivos, as discussões na Justiça laboral circundaram os seguintes temas: negociação coletiva, pacto social, direito à greve e cogestão.

A negociação coletiva, segundo Martins (2004), é um procedimento que visa superar as divergências das partes, sendo que o resultado deste procedimento pode ser de dois tipos: acordo coletivo e convenção coletiva.[68] De um lado, em ambos os tipos, sempre quem negocia representando os empregados é o sindicato que representa a categoria, do outro lado, pode ser o sindicato dos empregadores, quando se trata de convenção coletiva, ou então uma ou mais empresas, como é o caso dos acordos coletivos.

---

(67) O texto assim estabelecia: " A associação profissional ou sindical é livre. Ninguém será obrigado por lei, a ingressar em sindicato, nem nele permanecer ou para ele contribuir".

(68) Dentre esses dois tipos de negociação coletiva, a convenção coletiva é a mais antiga, sendo que o acordo coletivo foi admitido em 1967.

Como já exposto, o debate na Justiça do Trabalho sobre a negociação coletiva esteve associado ao do excesso de direito trabalhista legislado e com a sentença normativa. O único posicionamento encontrado a favor do predomínio da negociação coletiva, ou seja, do direito negociado em oposição ao direito legislado pelo Estado, foi do jurista Orlando Gomes (1984), que argumentava que a falta de maior desenvolvimento do primeiro se dava pelo excesso de intervenção do Estado em ditar as leis trabalhistas, sendo que estas estavam desatualizadas e traziam prejuízos para as relações de trabalho.

Entretanto, outros juristas sobre o tema discorreram, apontando os benefícios que a negociação coletiva trazia para as partes envolvidas, porém, que o momento não era propício para que o Estado deixasse de intervir nas relações de trabalho. De tal modo o Ministro do TST, Orlando Teixeira da Costa (1984b), se expressou, demonstrando a importância da negociação coletiva num período de crise econômica, como o vivido, quando havia altas taxas de desemprego, e chama à atenção para o fato de o tratamento legalista nas relações do trabalho retardar o desenvolvimento das negociações coletivas. Ainda aponta que os reflexos da negociação coletiva nas empresas sobre a participação do empregado eram evidentes: "cada ajuste ou compromisso obtido vem correspondendo a uma maneira de admitir a palavra ou opinião do trabalhador sobre assuntos empresariais" (p. 139). Contudo, segundo o Ministro, era necessário que as partes soubessem apresentar as propostas ou soubessem acolhê-las; disto derivava a necessidade de cada um dos lados possuir assessores capacitados, idôneos, em proveito do fim visado. Caso contrário, seria necessária a presença de um intermediário, que funcionasse como mediador, que conviria que fosse o Estado, por meio de agentes administrativos ou órgãos judiciários, ou seja, nestes casos necessário seria um " pacto social".

> Os pactos sociais foram erigidos, então, como nova fonte de Direito Coletivo do Trabalho, sobrepondo-se às convenções coletivas e aos acordos coletivos como instrumentos limitativos, estruturais e funcionais dos ajustes menores, que são, exatamente, aqueles que derivam da negociação plenamente autônoma dos grupos profissionais e econômicos interessados. (COSTA, 1987b, p. 156-157)

Amauri Mascaro Nascimento (1987) também apontou que o modelo democrático das relações de trabalho não aceita imposições porque é o resultado de compromissos e de consenso, de entendimento, se possível, tripartites: governo, empregados e empregadores.

O Ministro Carlos Coqueijo Torreão da Costa (1987a) entendia que a forma mais autêntica de solução dos conflitos trabalhistas, nos países civilizados, era a autônoma — a que decorria da vontade convergente dos interlocutores sociais, via negociação coletiva. Menciona que no Brasil infelizmente fazia-se pouco uso das convenções coletivas e por este fato era preciso criar mentalidade conciliadora, o que seria a educação para formalizar negociações coletivas.

Mas havia restrições, por parte do patronato, em utilizar a forma negociada para resolver as pendências trabalhistas, segundo o Ministro Luiz José Guimarães Falcão

(1987), pois a jurisprudência vinha entendendo que as vantagens e condições de trabalho criadas na norma coletiva se incorporavam ao contrato individual de trabalho, permanecendo no patrimônio jurídico do empregado mesmo após a sua extinção. Para solucionar o problema, sugeriu que os sindicatos recebessem da Nova Constituição poderes amplos para estipularem quaisquer direitos trabalhistas que regeriam as relações de trabalho durante a vigência do instrumento normativo, podendo modificá-los ou substituí-los, nas convenções seguintes, sem, contudo, ter o trabalhador direito às cláusulas antes estipuladas. Segundo a forma sugerida, as pactuações coletivas somente não poderiam afetar a garantia de emprego constante de lei ou de contrato individual, nem a jornada máxima normal e a extra de trabalho, a intransferibilidade do empregado ou o repouso semanal e anual. Já o restante dos direitos seriam ditados pela categoria livremente, sendo que, no caso de cessada a vigência da Convenção, a lei voltaria a incidir se outra Convenção não fosse feita.

Quanto ao direito de greve, notamos que os juristas que a seu respeito teceram comentários foram os que concordavam que os trabalhadores deveriam poder exercer essa forma de pressão para obterem melhores condições de trabalho, como os Ministros Carlos Coqueijo Torreão da Costa (1984a), Orlando Teixeira da Costa (1984b) e os juristas Amauri Mascaro Nascimento (1987), Octavio Bueno Magano (1987) e Mozart Victor Russomano (1987), porém, com a ressalva que era um direito de eficácia limitada, dados os seus reflexos sociais, por isso, deveria a Constituição ou lei infraconstitucional discipliná-la.

O Ministro Carlos Alberto Barata Silva (1982) apresentou um trabalho doutrinário sobre a greve que contribuiu para lançar luz sobre o tema, principalmente quanto à competência da Justiça do Trabalho para declarar a legalidade ou a ilegalidade da greve e sobre a responsabilidade do Sindicato ou do trabalhador, individualmente considerado, quando do cometimento de abusos e ilícitos durante a paralisação. O Ministro atribuiu ao Sindicato a responsabilidade pela ilicitude intrínseca da greve, ou seja, quando desrespeitadas as normas legais que disciplinavam a forma como ela deve ocorrer: respeito ao limite mínimo dos trabalhadores que concordam com a paralisação, concreta formulação de petição ao empregador sobre as reivindicações, dentre outras. Já as atitudes do obreiro durante a greve seriam responsabilidade exclusiva do empregado e a ele somente caberiam as punições previstas em lei pelos excessos cometidos.

O Ministro Marcelo Pimentel ainda comenta o erro de o projeto de Bernardo Cabral não levar em consideração o que sugeriu a respeito dos limites da greve, pois, da maneira que estava, os empregados eram os juízes da oportunidade e dos interesses que buscavam alcançar com a greve, sem poder o Judiciário apreciá-la. Suas sugestões eram no sentido de ser assegurado o direito de greve, permitindo-se, porém, que a Justiça do Trabalho, em nome do interesse público, fizesse cessá-la, com a volta ao trabalho ou à negociação.

Por fim, outro direito coletivo do trabalho que foi mencionado nos debates no TST foi a cogestão. Arion Sayão Romita (1987) cita que o Direito do Trabalho, em sua feição democrática, no futuro deveria revelar a reforma na empresa, onde o empregado seria copartícipe e sujeito ativo do processo de produção, isso por meio da cogestão. Especifica o jurista que várias são as formas de cogestão, desde aquela em que o empregado tem direito apenas às informações até aquela em que tem direito de codecisão mediante participação paritária nos conselhos de vigilância das empresas.

No geral, os direitos sindicais e os direitos coletivos do trabalho entraram na pauta da Justiça do Trabalho, neste período de transição, relacionando-se com a discussão de instituir a democracia nas instituições e nas relações entre os indivíduos. Neste sentido, na área de direito sindical, há a corrente majoritária no TST que apoiava a liberdade e a pluralidade sindical.

Quanto ao direito coletivo, como já apontado, apesar de predominar o entendimento de que o legislado deveria sobrepor ao negociado, havia algumas vozes que se levantaram para demonstrar os benefícios da negociação coletiva. Mas mesmo esses defensores da diminuição da intervenção estatal e, consequentemente, do alargamento no uso da negociação coletiva, como o Ministro Orlando Teixeira da Costa (1984b), fazendo as ressalvas sobre a falta de capacitação para as partes negociarem, acabam por sugerir, contraditoriamente, a presença do Estado, mediante órgãos administrativos e judiciais, nos pactos sociais.

Outros temas do direito coletivo, diretamente relacionados com a democratização na relação do trabalho, apareceram de forma tímida neste período, como ocorreu com a cogestão.

\* \* \*

Neste capítulo retratamos a história institucional da Justiça do Trabalho, por meio do acompanhamento e análise dos debates travados em seu órgão de cúpula, o TST. Percebemos que alguns assuntos sempre estiveram em pauta, como a defesa ao poder normativo, que desde a judiciarização da Justiça do Trabalho foi vista com restrições por parte do STF e, posteriormente, a partir de 1965 começou a sofrer restrições pela política salarial do governo, chegando ao ápice em 1979, quando praticamente a Justiça Laboral não mais podia criar normas sobre condições de trabalho e sobre salários.

A defesa ao poder normativo representava a defesa de atribuições que eram específicas desta Justiça, pois era a única que ditava regras para casos concretos, e, ao mesmo tempo, significava uma forma de defender os direitos trabalhistas e a intervenção estatal nas regulações das relações de trabalho. Essa defesa ao poder normativo também se relaciona com a posição assumida pelo TST na defesa do legislado sobre o negociado, o que não colaborou para o desenvolvimento das negociações coletivas.

Outros temas, neste longo período analisado (1946-1988), sempre estiveram à margem nas discussões dos juristas laborais, como os que dizem respeito aos direitos coletivos do trabalho e aos direitos sindicais. Esses assuntos começaram a aparecer, de forma tímida e sem muita profundidade, às vésperas da Constituinte, sendo um reflexo direto das discussões ocorridas com a elaboração da Nova Constituição.

Se de 1946 a 1954, a preocupação da Justiça do Trabalho foi com sua autoafirmação perante o próprio Judiciário e os demais poderes e, de 1954 a 1970, o objetivo perseguido foi a ampliação de sua estrutura, podemos afirmar que, a partir dos anos 1970, a Justiça do Trabalho voltou seus esforços à defesa da intervenção do Estado na área laboral, consequentemente aos direitos individuais do trabalho, e à solução de problemas envolvendo seus aspectos estruturais.

O TST, assumindo a posição majoritária de seus membros, no período da redemocratização, enrijeceu as críticas aos que propunham que as negociações coletivas deveriam se sobrepor à intervenção estatal, devendo dessa maneira o Estado deixar de regular as relações do trabalho. O consenso era de que a Nova Constituição deveria ao menos garantir um mínimo de direitos individuais aos trabalhadores, dado que o país não contava com estruturas sindicais capazes de defender de forma ampla os interesses dessa classe economicamente mais fraca. O principal direito individual que a Nova Constituição deveria garantir era a estabilidade no emprego, por meio de medidas eficazes contra despedidas arbitrárias.

Quanto aos seus aspectos estruturais, a Justiça do Trabalho procurava soluções para entregar a prestação jurisdicional com maior celeridade e eficiência, frente ao número de processos que não paravam de se avolumar em seus órgãos. Neste sentido, encontramos as discussões sobre a necessidade de alteração da CLT ou então a feitura de códigos do trabalho e de direito processual do trabalho; sobre as matérias que deveriam ser ou não da competência da Justiça do Trabalho; a respeito da atuação dos juízes classistas; da divisão em turmas dos Ministros do TST; sobre a eficiência na seleção dos juízes escolhidos pelo quinto constitucional; sobre a instituição de comissões extrajudiciais para solucionarem as questões que comportavam acordos; a respeito do aumento do número de Juntas de Conciliação e Julgamento e de TRTs; sobre a instituição de arbitragem e metodização da jurisprudência.

Esses temas sobre a organização interna da Justiça do Trabalho demonstraram que, na época da Constituinte, o Poder Judiciário Trabalhista estava preocupado com a celeridade nos trâmites processuais, com a profissionalização e com as estruturas corporativistas, como os juízes classistas. A preocupação em entregar a prestação jurisdicional com maior rapidez se expressa nos debates que sugerem instituição das soluções extrajudiciais de conflito e de arbitragem e nas propostas de mudanças na lei processual, principalmente no tocante à diminuição da possibilidade de recursos para instâncias superiores. A profissionalização, como consequência do aprofundamento nos estudos jurídicos, é percebida com a metodização da jurisprudência e com o maior números de debates sobre questões específicas do Direito do Trabalho. Já a preocupação com instituições corporativistas na Justiça do Trabalho entra para o debate, ainda de forma tímida, quando alguns Ministros se posicionam contrários à participação dos juízes vogais em dissídios individuais do trabalho, ou então, quando sugerem a exclusão da atuação dos juízes vogais em algumas fases processuais.

# Conclusões

O levantamento bibliográfico da pauta da Ciência Política, no período compreendido da abertura política até a conclusão dos trabalhos da Assembleia Nacional Constituinte de 1987/1988, nos revelou que seu interesse centrou-se nos temas de direito coletivo e de direito sindical, principalmente enfocando os meios de participação democrática que seriam garantidos aos trabalhadores nas relações de trabalho e na vida política. Praticamente há um vazio no tocante a estudos que na época enfocassem os direitos individuais do trabalho e o Poder Judiciário Trabalhista, o responsável pela aplicação do Direito do Trabalho nas questões inconciliáveis da relação de trabalho.

A pesquisa também demonstrou que, passado esse período, ou seja, após a publicação da Constituição Federal de 1988, poucos cientistas políticos se dedicaram aos estudos sobre o processo constituinte de 1987-1988, apesar da relevância que a elaboração da Constituição Federal de 1988 teve nos mais variados setores: sociais, econômicos, político. Verificamos, nesse sentido, que os estudos que trataram da relação entre o Poder Judiciário e os trabalhos constituintes foram escassos e têm como foco principal outros aspectos, logo, não adentraram na análise do processo decisório da ANC.

Especificadamente sobre a pauta do Direito do Trabalho no processo constituinte, encontramos um único trabalho, realizado em 1998 por Gomes, no qual se argumenta que os aspectos institucionais somados às preferências dos atores políticos foram os responsáveis pelo desenho que a Constituição adquiriu nessa área. Gomes mostra a influência que o DIAP teve para a aprovação dos direitos individuais do trabalho, por meio da construção de consensos entre os sindicalistas, e como os aspectos institucionais da ANC, principalmente a divisão em subcomissões, comissões e plenário foram importantes para as matérias constitucionais de Direito Sindical.[69]

Coelho (1999), exemplificando a atuação dos partidos na ANC, demonstrou sumariamente como se comportaram os dois partidos que lutavam pela bandeira do trabalhismo brasileiro, o PTB e o PDT. O primeiro firmando alianças com partidos de direita para a aprovação de direitos laborais que não geravam tantas controvérsias e o segundo defendendo arduamente direitos que dificilmente seriam aprovados. Ou seja, ambos os partidos queriam para si o mérito por assumir uma posição: o PTB os bônus pelos direitos aprovados; e o PDT os bônus por haver votado a favor de um amplo leque de direitos laborais.

---

(69) Noronha (2000), que tratou pontualmente da questão, sendo que seu estudo teve outro objeto de análise, também apontou a DIAP como importante meio de pressão dos sindicalistas que garantiu a constitucionalização de inúmeros direitos sociais.

Ainda na área dos direitos trabalhistas, o estudo de Fonseca (2003), analisando a posição assumida pela imprensa na época da Constituinte sobre os direitos do trabalho, constatou a baixa propensão ou mesmo reação à introdução destes na Constituição. O estudo sobre as manifestações da imprensa, assim como a presente pesquisa a respeito dos discursos travados no TST, demonstra a importância do exame da pauta de outros atores que podem ter contribuído na formação das preferências dos parlamentares constituintes.

Levando-se em conta que o regime militar fez uma clara opção em reforçar o modelo legislado, se comparado aos direitos conquistados em negociações coletivas, evidenciado pela repressão às greves e pela falta de estímulos governamentais aos acordos entre patrões e empregados, pode-se afirmar que também houve opção pela Justiça do Trabalho. Esta valorização da Justiça Laboral justifica a presunção de que esta possa ter sido importante agente de pressão sobre os constituintes que decidiram as questões de Direito do Trabalho, quando da feitura da Constituição Cidadã.

Essa valorização da Justiça do Trabalho pelo regime militar aconteceu na Constituição de 1967, que reconheceu o TST como órgão máximo em matéria de direito laboral e aumentou o número de juízes desse órgão de cúpula. O mesmo ocorreu com o plano de extensão aprovado pelo governo no início da década de 1970, no qual a Justiça do Trabalho triplicaria seu tamanho.

A análise dos discursos de Ministros do TST, advogados e juristas da área laboral, em diversas ocasiões, e dos textos doutrinários, ambos relatados pela Revista do Tribunal Superior do Trabalho de 1979-1988, nos mostrou que os assuntos que mais interessaram o meio jurídico trabalhista, em especial a cúpula da Justiça do Trabalho, o TST, foram os de duas ordens: 1. sobre a preservação de seus poderes, a ampliação de sua estrutura e a intervenção do Estado nas relações de trabalho; 2. sobre a manutenção dos direitos individuais trabalhistas.

Com relação aos primeiros, verificamos uma corrente majoritária dentro do TST que defendia o poder normativo da Justiça do Trabalho. Além disso, apontamos os temas relacionados com sua organização interna, especialmente aqueles relacionados à sua eficiência, tais como a ampliação no número de Ministros do TST; as matérias que deveriam ser ou não da competência da Justiça do Trabalho; a atuação dos juízes classistas; o aumento do número de Juntas de Conciliação e Julgamento e de TRTs; a respeito da seleção dos juízes escolhidos pelo quinto constitucional; a instituição de comissões extrajudiciais para solucionarem as questões que comportavam acordos; instituição de arbitragem.

Ficou também demonstrado que a opinião prevalecente do TST era no sentido de apoiar a intervenção estatal nas relações de trabalho, opondo-se indiretamente, com isso, ao predomínio das negociações coletivas. Com a defesa do predomínio do legislado sobre o negociado, o TST estava ao mesmo tempo também defendendo a extensão de sua área de atuação e a manutenção de seus poderes. Ademais, para eventual defasagem das normas trabalhistas em relação aos fatos sociais, a Justiça do Trabalho defendia a utilização da jurisprudência e as mudanças na legislação do direito do trabalho e processual.

Quanto aos assuntos classificados na segunda ordem, no TST o direito individual do Trabalho que mais esteve em evidência foi o da estabilidade do emprego. Ao defender a implantação de mecanismos que garantissem a estabilidade no emprego, o TST estava simultaneamente se posicionando a favor de preservar o princípio da continuidade da relação de emprego e se opondo a novas tendências mundiais de flexibilização do Direito do Trabalho, que começavam a aparecer no país, como a intermediação de mão de obra.

A análise da *Revista do Tribunal Superior do Trabalho* também permitiu que percebêssemos que os assuntos que se referiam ao direito coletivo do Trabalho e ao direito sindical não foram debatidos com maior profundidade pelos membros do TST. As vezes que esses temas apareceram na pauta laboral foram para ressaltar a necessidade de adequá-los aos princípios democráticos.

A pauta dos temas debatidos no TST nos sugere que seus Ministros se relacionaram com os constituintes especialmente nos assuntos ligados à estrutura da Justiça do Trabalho. Os discursos proferidos entre os anos de 1987-1988 pelo Ministro Marcelo Pimentel, Presidente do TST na época, são muito significativos para o estudo sobre a relação mantida pelo Poder Judiciário Trabalhista e o Poder Legislativo, que nesse período específico estava investido na função Constituinte.

Na Conferência de abertura proferida no Curso sobre Direito Constitucional do Trabalho[70], realizado pela Universidade de São Paulo, Pimentel comenta sobre contatos realizados com parlamentares constituintes que ocupavam posições de destaque na ANC, a saber: Bernardo Cabral, relator da Comissão de Sistematização e José Ignácio Ferreira, relator adjunto, sendo ambos do PMDB. Ainda menciona que expôs suas ideias a outros membros da Comissão de Sistematização, que escreveu cartas a constituintes a respeito do anteprojeto apresentado por Bernardo Cabral. Também afirma o seu contato com Paulo Brossard, Ministro do Estado da Justiça na época.

A maioria dessas sugestões de Pimentel aos constituintes foi voltada para matérias a respeito da estrutura e da competência da Justiça do Trabalho: exclusão da competência de julgar acidentes de trabalho, efeitos negativos de competência concorrente entre União e o Estado para legislarem sobre Direito do Trabalho, elevação do número de Ministros do TST, divisão dos Ministros do TST em turmas. Os pontos levantados pelo Presidente do TST vão ao encontro justamente dos assuntos em destaques no TST nessa época da Constituinte.

---

(70) A Conferência de abertura proferida no Curso sobre Direito Constitucional do Trabalho está inclusa na Revista do Superior Tribunal do Trabalho do ano de 1987; há uma referência ao Ministro Marcelo Pimentel como Presidente do TST (seu mandato foi de 19.12.86 a 19.12.88). Com esses dados, embora não conste a data em que foi proferida a mencionada conferência, podemos auferir que certamente ela ocorreu no período compreendido entre 1987 a 5.10.88 (data em que foi promulgada a CF/88).

Nos contatos diretos com Bernardo Cabral, Pimentel propôs o aumento para 27 dos Ministros do TST, a fim de que fosse possível dividi-los em grupo. Com relação ao anteprojeto de Bernardo Cabral, apresentou cartas a constituintes e emendas ao próprio Bernardo Cabral e a José Ignácio Ferreira[71], acreditando que surtiram efeitos para retirar da assoberbada Justiça do Trabalho a competência para julgamento de acidentes de trabalho.

Com relação ao Projeto da Comissão de Sistematização que atribuiu competência concorrente à União e aos Estados para legislarem sobre direito do trabalho, Pimentel menciona ter exposto ao relator e a alguns membros da Comissão os seus efeitos negativos e esperava que essa parte fosse expurgada do texto final. Seu argumento principal era de que a competência concorrente iria estimular a proliferação de leis estaduais do trabalho, o que seria um caos as relações do trabalho.[72]

Em contatos com o Ministro da Justiça Paulo Brossard[73], Marcelo Pimentel buscou uma melhor reestruturação da Justiça do Trabalho, sugerindo que fosse instituída a permissão para divisão dos TRTs maiores e para a criação de uma Turma específica no TST para processar e julgar dissídios coletivos.

Em conferência[74] proferida logo após a promulgação da Constituição[75], Marcelo Pimentel (1989), quando analisava o desenho constitucional dado aos direitos trabalhistas e à organização institucional da Justiça do Trabalho pela Constituição Federal de 1988, deixou clara a sua participação no processo constituinte. Pimentel mencionou ter lutado contra emendas que vilipendiavam a competência do Tribunal Superior do Trabalho no que dizia respeito ao seu papel uniformizador da jurisprudência, pois previam que as sentenças dos TRTs somente seriam passíveis de revisão pelo TST quando violassem literalmente a lei, o que inevitavelmente acabaria por regionalizar o Direito do Trabalho. Vejamos:

> Durante 4 meses tentamos demonstrar o equívoco cometido no 1º Turno de votações, pois a função uniformizadora do TST na interpretação da lei trabalhista é fundamental para que milhares de ações versando sobre o mesmo tema sejam solucionadas e outras milhares não sejam propostas. (PIMENTEL, 1989. p. 74)

---

(71) O regimento interno da Assembleia Nacional Constituinte permitia que propostas viessem de fora do Congresso. Segundo Souza (2001), entre os habilitados estava o Poder Judiciário. Outro mecanismo que permitiu esse tipo de participação era mandar as sugestões diretamente para os constituintes via a rede de correios.

(72) Para ilustrar, cita que empregados que exercem a mesma atividade em uma mesma empresa, que possuísse diversos estabelecimentos em Estados diferentes, poderiam ter direitos diferentes.

(73) São necessários também estudos que analisem o papel desempenhado pelo Ministro da Justiça no processo constituinte.

(74) Proferida na reabertura do 50º Fórum de Debates da Federação do Comércio de Brasília.

(75) Novamente aqui também não consta a data em que foi proferida a mencionada a Conferência, mas o tema e a referência ao Ministro Pimentel como Presidente do TST permite afirmar que ocorreu entre 5.10.88, data da promulgação da nova Constituição, a 19.12.88, último dia do mandato de Presidente do TST do conferencista.

Através da história da evolução da agenda do TST desde a judiciarização da Justiça do Trabalho até a aprovação da Constituição de 1988, num período de 42 anos (1946-1988) demonstramos que alguns temas que estiveram em alta na época da Constituinte sempre estiveram presentes na pauta dessa Justiça Especializada: a preocupação com sua estrutura; o discurso que a Justiça do Trabalho era copartícipe nas decisões governamentais para manter a paz social; a ênfase na preservação do poder normativo e na metodização de sua jurisprudência.

A preocupação com a estrutura da Justiça do Trabalho sempre esteve relacionada, neste longo período, com a questão de dar vazão ao grande e crescente número de processos, principalmente das Juntas de Conciliação e Julgamento. Inicialmente, a resolução para o problema consistia apenas em aumentar a estrutura física. Superado esse aspecto, sugeriram novos temas: alteração da legislação processual do trabalho, codificação de leis, divisão do TST em turmas, utilização de meios extrajudiciais para solucionar conflitos (comissões, arbitragens).

O discurso recorrente de que a Justiça do Trabalho era mantedora da paz social, por liquidar as agitações sociais que pudessem desestabilizar as relações entre patrões e empregados, sempre foi utilizado na tentativa de demonstrar que essa Justiça Especializada era importante em qualquer época e em qualquer situação política, fosse para combater o comunismo e o fascismo, fosse para ajudar na redemocratização do país.

A preservação do poder normativo sempre esteve em foco e relacionada com a própria existência da Justiça do Trabalho. Ou seja, um dos argumentos para justificar a especialização desta Justiça, o porquê das causas referentes às relações do trabalho serem julgadas por um órgão especializado do Poder Judiciário e não pela justiça comum, era o fato de essa ser a única que contava com o poder de ditar regras, quando do julgamento dos casos concretos, para as partes litigantes. O poder normativo também era associado à necessidade que as normas sobre as relações do trabalho tinham em ser dinamizadas. Isso era conseguido com o poder dos TRTs e do TST ditarem regras para os dissídios coletivos.

Essa necessidade de dinamizar o direito do trabalho também era o ponto mais defendido quando o assunto era a metodização da jurisprudência. A jurisprudência também era relacionada à agilização dos processos, evitando recursos desnecessários quando as decisões dos órgãos superiores fossem pacíficas, visando-se à celeridade na prestação jurisprudencial.

Ademais, constatamos alteração na pauta da Justiça do Trabalho nesta época anterior a redemocratização, que podemos, a grosso modo, periodizar de seguinte maneira: a) de 1946 a 1954, período em que a Justiça do Trabalho foca seus esforços na defesa de suas atribuições garantidas pela Constituição de 1946, responsável pela sua inclusão no Poder Judiciário; b) de 1954 a meados da década de 1970, fase em que a preocupação é expandir sua estrutura a todos os cantos do Brasil, instituindo novas Juntas de Conciliação e Julgamento; c) de meados dos anos 1970 até 1988, a Justiça do

Trabalho focou seus debates na soluções de problemas em sua organização, a fim de prestar seus serviços mais rápida e eficazmente. Além disso, nos assuntos propriamente jurídicos, a atenção voltou-se aos direitos individuais do trabalho.

Como demonstrado na revisão bibliográfica, a Ciência Política não se dedicou ao estudo do Poder Judiciário Trabalhista, muito menos aos estudos sobre a sua relação com a ANC. Ao contrário dos profissionais da área do Direito que atuam na Justiça Trabalhista (ministros, juízes e advogados), os cientistas políticos não perceberam a importância que os temas relativos aos direitos individuais assumiram com a redemocratização e viriam a assumir com a abertura econômica.

Esta pesquisa, analisando os debates travados no TST na época da Constituinte de 1987/1988, bem como o pensamento jurídico trabalhista desde o ano de 1946, ou seja, desde a judiciarização da Justiça do Trabalho, demonstrou a necessidade de estudos que enfoquem o comportamento de outros atores que possuem interesses na área laboral, como os sindicatos, os partidos políticos, o Ministério Público do Trabalho, o Departamento do Trabalho, o empresariado, dentre outros. Somente com a realização de um estudo sistemático, que compare a área de interesse de cada um desses atores com os recursos políticos que contavam para fazer aprovar norma na área dos direitos sociais, será possível definir o processo decisório da Assembleia Nacional Constituinte de 1987/1988 na área do Direito do Trabalho.

# Referências Bibliográficas

ABRANCHES, Sérgio Henrique; LIMA JUNIOR, Olavo Brasil de. Representação eleitoral: conceitos e experiências. *Dados — Revista de Ciências Sociais*, v. 26, n. 2, p. 125-139, 1983.

AFFONSO, Almino. Por um debate apaixonado. *Lua Nova: Revista de Cultura e Política*, v. 1, n. 3, p. 17-20, 1984.

ALMEIDA, Maria Hermínia de Moraes. O que esperar da Constituinte: a questão sindical. *Lua Nova: Revista de Cultura e Política*, v. 3, n. 4, p. 10-13, 1987a.

ALMEIDA, Maria Hermínia de Moraes et al. O que esperar da Constituinte: trocando ideias. *Lua Nova: Revista de Cultura e Política*, v. 3, n. 4, p. 24-32, 1987b.

ALVES, Maria Helena Moreira; SILVA, Roque Aparecido da. Nas fábricas, a volta dos velhos tempos. *Lua Nova: Revista de Cultura e Política*, v. 3, n. 3, p. 50-53, 1987.

ANDRADE, Régis de Castro. Por que os sindicatos são fracos no Brasil? *Lua Nova: Revista de Cultura e Política*, v. 1, n. 1, p. 56-60, 1984.

ARTUR, Karen. *O TST e os doutrinadores jurídicos como agentes de novas noções contratuais do trabalho:* um estudo sobre a terceirização. 2004. 114 f. Dissertação (Mestrado em Ciências Sociais) – Programa de Pós-Graduação do Departamento de Ciências Sociais, UFSCar, São Carlos, 2004.

ARQUIVOS DO MINISTÉRIO DA JUSTIÇA. Brasília: Fundação Petrônio Portella, ano 40, n.169, 1987.

BAVA, Silvio Caccia. A Nova república e os movimentos dos trabalhadores. *Lua Nova: Revista de Cultura e Política*, v. 3, n. 3, p. 48-49, 1987.

_____. Os Conselhos e a participação dos trabalhadores. *Lua Nova: Revista de Cultura e Política*, v. 1, n. 2, p. 97-99, 1984.

BERCOVICI, Gilberto. Constituição e política: uma relação difícil. *Lua Nova: Revista de Cultura e Política*, n. 61, p. 5-24, 2004.

BONAVIDES, Paulo. A evolução constitucional no Brasil. *Estudos Avançados*, v. 14, n. 40, 2000.

BONELLI, Maria da Glória. *Profissionalismo e política no mundo do Direito:* as relações dos advogados, desembargadores, procuradores de justiça e delegados de polícia com o Estado. São Carlos: EdUFSCar e Sumaré, 2002. 303p.

CARDOSO, Hamilton. Isso é conversa de branco. *Lua Nova: Revista de Cultura e Política*, v. 2, n. 3, p. 13-17, 1985.

CABRAL, Lúcia Helena do Passo. Negociação coletiva a nível de empresa. *Revista de Ciência Política*, v. 27, n. 3, p. 88-92, 1984.

COELHO, Ricardo Corrêa. *Partidos políticos, maiorias parlamentares e tomada de decisão na Constituinte*. 1999. 261 f. Tese (Doutorado em Ciência Política), FFLCH, USP, São Paulo, 1999.

CONSTITUINTE. A favor ou contra: Por que e para quê. *Lua Nova: Revista de Cultura e Política*, v. 1, n. 3, p. 12-15, 1984.

COUTO, Cláudio Gonçalves. A longa Constituinte: Reforma do Estado e Fluidez Institucional no Brasil. *Dados – Revista de Ciência Sociais*, v. 41, n. 1, p. 51-86, 1998.

_____. A agenda Constituinte e a difícil governabilidade. *Lua Nova*, n. 39, p. 33-52, 1997.

D'INCAO, Maria Conceição. Reforma agrária só na marra? *Lua Nova: Revista de Cultura e Política*, v. 2, n. 4, p. 81-85, 1986.

DINIZ, S.; NORONHA, L. Direitos trabalhistas e sindicais: O Conservadorismo da Constituição de 1988 e das Tentativas de Reforma nos Anos 90. In: PRAÇA, Sérgio; DINIZ, Simone (Org.). *Vinte anos de Constituição*. São Paulo: Paulus, 2008.

FAORO, Raymundo. *Assembleia Constituinte*: a legitimidade recuperada. 3. ed. São Paulo: Brasiliense, 1985. p. 98.

FERNANDES, Antonio Sérgio Araújo. *Path dependency* e os estudos históricos comparados. *BIB*, São Paulo, n. 53, p. 79-102, 2002.

FERRARI, Levi B. Conselhos populares na cidade de São Paulo. *Lua Nova: Revista de Cultura e Política*, v. 1, n. 2, p. 94-96, 1984.

FONSECA, Francisco. O conservadorismo patronal da grande imprensa brasileira. *Opinião Pública*, Campinas, v. 9, n. 2, p. 73-92, 2003.

FRANCO, Afonso Arinos de Melo (Org.). As aspirações nacionais com vistas a elaboração de uma nova Constituição para o país. *Revista de Ciência Política*, v. 28, p. 13- 293, 1984.

FREITAS JR., Antônio Rodrigues de. *Os direitos sociais e a Constituição de 1988*: crise econômica e políticas de bem-estar. Rio de Janeiro: Forense, 1993. p. 208.

FURTADO, Celso *et al*. Economia e sociedade na Constituinte. In: Seminário Sobre Constituinte, Estado e Sociedade, 1987, Brasília-DF. *Arquivos do Ministério da Justiça*. Constituinte, Estado e Sociedade. Brasília: Fundação Petrônio Portella, n. 169, 1987, p. 5-49. Edição Especial.

GARCIA, Marco Aurélio. A transição e a constituinte. *Lua Nova*, v. 1, n. 4, p. 16-20, 1985.

GARCIA, Marília. A difícil legitimidade — as constituintes em nossa história. *Lua Nova: Revista de Cultura e Política*, v. 1, n. 3, p. 7-11, 1984.

GENOÍNO NETO, José. Entulho e desentulho. *Lua Nova: Revista de Cultura e Política*, v. 2, n. 2, p. 9-12,1985.

GOLDEMBERG, José. A questão nuclear no Brasil. *Lua Nova: Revista de Cultura e Política*, v. 3, n. 3, p. 7-8, 1987.

GOMES, Sérgio Augusto Ligiero. *Instituições e preferências no processo constituinte*: a definição do modelo brasileiro de relações de trabalho na Assembleia Nacional Constituinte de 1987. 1998, 145 f. Dissertação (Mestrado em Ciência Política), Universidade de Brasília, Brasília, 1998.

GONZALES, Lélia. Para as minorias, tudo como dantes. *Lua Nova: Revista de Cultura e Política*, v. 1, n. 4, p. 32-33, 1985.

HUNTINGTON, Samuel. *A terceira onda:* democratização no final do século XX. São Paulo: Ática, 1994.

JAGUARIBE, Hélio. Regime do poder e da sociedade. *Lua Nova: Revista de Cultura e Política*, v. 4, n. 1, p. 42-46, 1987.

KERCHE, Fábio. *O Ministério Público no Brasil — autonomia, organização e atribuições.* 2002. 168 f. Tese (Doutorado em Ciências Política), FFLCH, USP, 2002.

KINZO, Maria D'alva Gil. O quadro partidário e a Constituinte. In: LAMOUNIER, Bolívar (Org.). *De Geisel a Collor:* o balanço da transição. São Paulo: Sumaré, 1990. p. 105-134.

KRENAK, Aílton. Os índios não estão preparados para votar, para trabalhar, para existir... *Lua Nova: Revista de Cultura e Política*, v. 1, n. 1, p. 86-91, 1984.

KROENER, Andrei *et al.* Sentidos da judicialização da política: duas análises. *Lua Nova: Revista de Cultura e Política*, n. 57, p. 113-133, 2002.

LAMOUNIER, Bolívar. Antecedentes, riscos e possibilidades do governo Collor. In: LAMOUNIER, Bolívar (Org.). *De Geisel a Collor:* o balanço da transição. São Paulo: Sumaré, 1990. p. 13-35

LIMA, Haroldo. A experiência dos comunistas na Constituição de 1987/88. In: CONGRESSO DO PC do B, 7, 1988, São Paulo. *Informe...* Disponível em: <http://www.vermelho.org.br/pcdob/80anos/docshists/1988b.asp> Acesso em: 29 out. 2005.

MARTINS, Carlos Estevam. A reforma do sistema eleitoral. *Dados – Revista de Ciências Sociais*, v. 26, n. 2, p. 141-153, 1983.

_____. Participação nas empresas do Estado. *Lua Nova: Revista de Cultura e Política*, v. 1, n. 2, p. 91-93, 1984.

MARTINS, Sergio Pinto. *Direito do Trabalho*. 20 ed. São Paulo: Atlas, 2004. p. 899.

MELO, Marcus André. A política da reforma Constitucional de 1993/96. *Revista Brasileira de Ciências Sociais*, n. 33, p. 63-66, 1997.

_____. Constitucionalismo e ação racional. *Lua Nova: Revista de Cultura e Política*, n. 44, p. 55-80, 1998.

MENEZES, Luiz Carlos. Para compreender a questão nuclear. *Lua Nova: Revista de Cultura e Política*, v. 3, n. 3, p. 09-12, 1987.

MIDLIN, José E. *et al.* Os novos atores : representação política, tecnocracia e democracia. In: Seminário Sobre Constituinte, Estado e Sociedade, 1987, Brasília-DF. *Arquivos do Ministério da Justiça*. Constituinte, Estado e Sociedade. Brasília: Fundação Petrônio Portella, n. 169, 1987. p. 127-164. Edição Especial.

MINISTÉRIO DA JUSTIÇA. Paulo Brossard de Souza Pinto. Disponível em: <http://www.mj.gov.br/institucional/estrutura/ex-ministros/mi_brossard.htm> Acesso em: 6 jan. 2006.

MOISÉS, José Álvaro. A Constituição é uma farsa? *Lua Nova: Revista de Cultura e Política*, v. 2, n. 3, p. 7-13, 1985.

_____. Transição Inacabada. *Lua Nova: Revista de Cultura e Política*, v. 3, n. 1, p. 7-13, 1986.

MORAES, Filomeno. Executivo e Legislativo no Brasil pós-Constituinte. *Revista da Fundação Seade*, São Paulo em Perspectiva, v. 15, n. 4, p. 45-52, 2001.

MUSZYNSKI, Judith; MENDES, Antonio Manuel Teixeira. Democratização e opinião pública no Brasil. In: LAMOUNIER, Bolívar (Org.). *De Geisel a Collor:* o balanço da transição. São Paulo: Sumaré, 1990. p. 61-79.

NEDER, Ricardo Toledo. O que dizem da automação os trabalhadores. *Lua Nova: Revista de Cultura e Política*, v. 3, n. 1, p. 77-81, 1986.

NORONHA, Eduardo Garuti. *Entre a lei e a arbitrariedade:* mercados e relações de trabalho no Brasil. São Paulo: LTr, 2000. p. 183.

NOVAES, Sylvia Caiuby. Nações indígenas. *Lua Nova: Revista de Cultura e Política*, v. 2, n. 2, p. 21-22, 1985.

NUNES, Edison. Os temas malditos, entrevista de Caty Koltai e Beaco Vieira. *Lua Nova: Revista de Cultura e Política* vol. 2, n. 2, p. 13-17, 1985a.

_____. Documento. Greve: um direito, entrevista de Joaquim dos Santos Andrade e Jair Meneguelli. *Lua Nova: Revista de Cultura e Política*, v. 2, n. 1, p. 88-92, 1985b.

OLIVEN, Rubens George; RIDENTI, Marcelo; BRANDÃO, Gildo Marçal. *A Constituinte de 1988 na vida brasileira*. São Paulo: Aderaldo & Rothschild, Anpocs, 2008.

PALMEIRA, Vladimir. Não é oportuno agora. *Lua Nova: Revista de Cultura e Política*, v. 1, n. 3, p. 16-17, 1984.

PILATTI, Adriano. *A Constituição de 1987-1988. Progressistas, Conservadores, Ordem Econômica e Regras do Jogo*. Rio de Janeiro: Lumen Juris, 2008. p. 352.

PIMENTA, Cornélio Octávio Pinheiro. Os funcionários públicos nas Constituições Federais Brasileiras. *Revista de Ciência Política*, v. 27, n. 2, p. 13-34, 1984.

PIMENTEL, Sílvia. Aborto: um direito da mulher. *Lua Nova: Revista de Cultura e Política*, v. 2, n. 2, p. 18-20, 1985.

PINHEIRO, Ângela de Alencar Araripe. A criança e o adolescente, representações sociais e processo constituinte. *Psicologia em Estudo*, Maringá, v. 9, n. 3, p. 343-355, set./dez. 2004.

POLETTO, Ivo. Os camponeses e a democracia. *Lua Nova: Revista de Cultura e Política*, v. 1, n. 2, p. 65-69, 1984.

PRAÇA, Sérgio; DINIZ, Simone (Orgs.). *Vinte anos de Constituição*. São Paulo: Paulus, 2008.

RAMALHO, José Ricardo. Trabalho, direitos sociais e sindicatos na Constituição de 1988: duas décadas de acirrada disputa política. In: OLIVEN, Rubens George; RIDENTI, Marcelo; BRANDÃO, Gildo Marçal. *A Constituinte de 1988 na vida brasileira*. São Paulo: Aderaldo & Rothschild, Anpocs, 2008. p. 133-151.

RICÚPERO, Rubens *et al.* As Opções Democráticas: Regimes de Governo. In: Seminário Sobre Constituinte, Estado e Sociedade, 1987, Brasília-DF. *Arquivos do Ministério da Justiça.* Constituinte, Estado e Sociedade. Brasília: Fundação Petrônio Portella, n. 169, 1987, p. 51-89. Edição Especial.

RIZZO, Eliezer. O que esperar da Constituinte: a questão militar. *Lua Nova: Revista de Cultura e Política*, v. 3, n. 4, p. 13-18, 1987.

SADEK, Maria Tereza. A Justiça Eleitoral no processo de redemocratização. In: LAMOUNIER, Bolívar (Org.). *De Geisel a Collor:* o balanço da transição. São Paulo: Sumaré, 1990. p. 153-196.

SANTOS, Carlos Nelson F. dos. Está na hora de ver as cidades como são de verdade. *BIB*, Rio de Janeiro, n. 21, p. 59-63, 1986.

SANTOS, Maria Helena de Camargo. Governabilidade, governancia e democracia: criação de capacidade governativa e relações executivo-legislativo no Brasil pós-Constituinte. *Dados — Revista de Ciências Sociais*, v. 40, n. 3, p. 335-376, 1997.

SANTOS FILHO, José dos Reis. Quem são os camponeses. *Lua Nova: Revista de Cultura e Política*, v. 1, n. 2, p. 69, 1984.

_____. O que esperar da Constituinte: a questão agrária. *Lua Nova: Revista de Cultura e Política*, v. 3, n. 4, p. 34-37, 1987.

SARTORI, Giovanni. *Engenharia constitucional:* como mudam as Constituições. Tradução Sérgio Bath. Brasília: UNB, 1996.

SCHWARTZMAN, Simon. Pela eliminação da estrutura corporativa da educação superior brasileira. *BIB*, Rio de Janeiro, n. 19, p. 37-41, 1985.

SILVA, José Graziano da. E agora Brasil: reforma agrária. *Lua Nova: Revista de Cultura e Política*, v. 1, n. 4, p. 34-35, 1985.

SILVA, Roque Aparecido da; LEITE, Márcia de Paula. Qual é o lugar dos sindicatos? *Lua Nova: Revista de Cultura e Política*, v. 3, n. 4, p. 38-43, 1987.

SINGER, Paul. Pacto social: um processo permanente de negociação. *Lua Nova: Revista de Cultura e Política*, v. 2, n. 1, p. 85-87, 1985.

SIQUEIRA NETO, José Francisco. Direito do trabalho e negociação coletiva. In: DEDECCA, Cláudio Salvadore (Org.). *Coleção ABET — mercado de trabalho.* São Paulo: Associação Brasileira de Estudos do Trabalho — ABET, p. 113, v. 8.

SIRKIS, Alfredo. Ecopolítica, realismo e a nau dos insensatos. *Lua Nova: Revista de Cultura e Política*, v. 3, n. 4, p. 61-66, 1987.

SOUZA, Amaury de; LAMOUNIER, Bolívar. A feitura da nova Constituição: um reexame da cultura política brasileira. In: LAMOUNIER, Bolívar (Org.). *De Geisel a Collor:* o balanço da transição. São Paulo: Sumaré, 1990. p. 81-104.

SOUZA, Celine. Federalismo e descentralização na Constituição de 1988: processo decisório, conflitos e alianças. *Dados – Revista de Ciências Sociais.* Rio de Janeiro, v. 44, n. 3, p. 513-560, 2001.

SOUZA, Márcia Teixeira de. O processo decisório na Constituição de 1988: práticas institucionais. *Lua Nova: Revista de Cultura e Política*, v. 58, p. 37-59, 2003.

TEIXEIRA, Sonia Maria Fleury. Previdência *versus* assistência na política social brasileira. *Dados – Revista de Ciências Sociais*, v. 27. n. 3, p. 321-345, 1984.

TIEZZI, Enzo; BASOSI, Riccardo. Ecologia e recursos energéticos no debate político. *Lua Nova: Revista de Cultura e Política*, v. 3, n. 4, p. 49-59, 1987.

VIANNA, Luis Werneck et al. *A judicialização da política e das relações sociais no Brasil*. Rio de Janeiro: Revan, 1999. p. 270.

VIERA, Oscar Vilhena. *Redescobrindo a Constituição:* os paradoxos da super-rigidez constitucional. 1997, 256 f. Tese (Doutorado em Ciência Política), FFLCH, USP, 1997.

VIOLA, Eduardo J. Movimento ecológico. *Lua Nova: Revista de Cultura e Política*, v. 3, n. 4, p. 45-49, 1987.

WEFFORT, Francisco. O que esperar da Constituinte: partidos e representações. *Lua Nova*, v. 3, n. 4, p. 18-23, 1987.

## Referências Bibliográficas na área do Direito

BELTRAN, Ari Possidonio. *Direito do trabalho e direitos fundamentais*. São Paulo: LTr, 2002. p. 350.

CARRION, Valentin. *Comentários à Consolidação das Leis do Trabalho*. 26. ed. São Paulo: Saraiva, 2001. p. 1206.

CESARINO JR., A. F. Princípios fundamentais da Consolidação das Leis do Trabalho. *Revista do Tribunal Superior do Trabalho*, São Paulo, ano 1983, p. 47-59, 1984.

CORRÊA, Maurício. Discurso do Dr. Maurício Corrêa — Presidente da OAB: seção do DF, saudando o Exmo. Sr. Min. Leopoldo César de Miranda Lima, quando de sua posse no TST, em 30.4.80. *Revista do Tribunal Superior do Trabalho*, São Paulo, ano 1980, p. 175-178, 1981.

COSTA, Carlos Coqueijo Torreão da. 40 anos de Processo do Trabalho: construção jurisprudencial. *Revista do Tribunal Superior do Trabalho*, São Paulo, ano 1983, p. 73-79, 1984a.

_____. A Assembleia Nacional Constituinte e o Tribunal Superior do Trabalho. *Revista do Tribunal Superior do Trabalho*, São Paulo, ano 1985, p. 9-19, 1986a.

_____. Discurso de posse. *Revista do Tribunal Superior do Trabalho*, São Paulo, ano 1985, p. 201-205, 1986b.

_____. Saudação ao Presidente da República. *Revista do Tribunal Superior do Trabalho*, São Paulo, ano 1985, p. 212-213, 1986c.

_____. Abertura do Seminário de Direito do Trabalho comemorativo dos 40 anos do TST. *Revista do Tribunal Superior do Trabalho*, São Paulo, ano 1986, p. 87-92, 1987a.

COSTA, Orlando Teixeira da. Novas perspectivas da negociação coletiva. *Revista do Tribunal Superior do Trabalho*, São Paulo, ano 1983, p. 138-147, 1984b.

_____. A Destinação do Contrato de Trabalho. *Revista do Tribunal Superior do Trabalho*, São Paulo, ano 1985, p. 68-70, 1986d.

_____. Os Novos Princípios do Direito Coletivo do Trabalho. *Revista do Tribunal Superior do Trabalho*, São Paulo, ano 1986, p. 152-158, 1987b.

_____. A Nova Constituição: Estabilidade e Jornada de Trabalho. *Revista do Tribunal Superior do Trabalho*, São Paulo, ano 1987, p. 45-47, 1988.

FALCÃO, Luiz José Guimarães. Do Poder Normativo da Justiça do Trabalho: dos limites que a Constituição e a Lei Ordinária estabelecem, dos princípios que a Constituição Federal assegura como contribuição para que se alcance a Justiça Social preconizada do art. 160. *Revista do Tribunal Superior do Trabalho*, São Paulo, ano 1981, p. 57-66, 1982.

_____. A Justiça do Trabalho e a nova realidade brasileira: o Poder Normativo na solução dos dissídios coletivos, a Estrutura da Justiça do Trabalho, os dissídios individuais, diagnósticos da situação atual, dissídios coletivos. *Revista do Tribunal Superior do Trabalho*, São Paulo, ano 1986, p. 121-129, 1987.

GOMES, Orlando. Perspectivas atuais da CLT. *Revista do Tribunal Superior do Trabalho*, São Paulo, ano 1983, p. 39-46, 1984.

_____.Transformações gerais do Direito do Trabalho. *Revista do Tribunal Superior do Trabalho*, São Paulo, ano 1986, p. 147-151, 1987.

LAMARCA, Antonio. A súmula ou enunciado como fonte formal do Direito do Trabalho. *Revista do Tribunal Superior do Trabalho*, São Paulo, ano 1985, p. 84-86, 1986.

LOBO, Haddock. A Justiça do Trabalho e a nova realidade brasileira. *Revista do Tribunal Superior do Trabalho*, São Paulo, ano 1986, p. 138-145, 1987.

MACHADO FILHO, Sebastião. Por um Código do Trabalho. *Revista do Tribunal Superior do Trabalho*, São Paulo, ano 1983, p. 158-159, 1984.

MAGANO, Octavio Bueno. Os novos princípios do Direito Coletivo do Trabalho. *Revista do Tribunal Superior do Trabalho*, São Paulo, ano 1986, p. 171-177, 1987.

MAIOR, Jorge Luiz Souto. *Pai, afasta de mim este cálice!* Disponível em: <http://www.Ipp-uerj.net/outrobrasil/Dossies_Destaque.asp?Id_Sub_Dossie=20> Acesso em: 17 jan. 2006.

MARTINS, Ildélio. A Justiça do Trabalho e suas dificuldades. *Revista do Tribunal Superior do Trabalho*, São Paulo, ano 1983, p. 124-137, 1984.

MATOS, Rafael Felloni de. Discurso do Dr. Rafael Felloni de Matos, em nome do Conselho Federal da OAB, saudando os empossados no TST, em 18.12.00. *Revista do Tribunal Superior do Trabalho*, São Paulo, ano 1980, p. 193-194, 1981.

MAYER, Luiz Raphael et al. O Poder Judiciário na Constituição. In: Seminário Sobre Constituinte, Estado e Sociedade, 1987, Brasília-DF. *Arquivos do Ministério da Justiça.* Constituinte, Estado e Sociedade. Brasília: Fundação Petrônio Portella, n. 169, 1987. p. 91-125. Edição Especial.

MELLO, Marco Aurélio Mendes de Faria. Uniformização da jurisprudência no âmbito dos Tribunais Regionais do Trabalho. *Revista do Tribunal Superior do Trabalho*, São Paulo, ano 1985, p. 78-83, 1986.

MENEZES, Geraldo Montedônio Bezerra de. O Poder Normativo da Justiça do Trabalho. *Revista do Tribunal Superior do Trabalho*, São Paulo, ano 1983, p. 89-104, 1984.

_____. Conferência inaugural do Seminário Comemorativo dos Quarenta Anos do Tribunal Superior do Trabalho. *Revista do Tribunal Superior do Trabalho*, São Paulo, ano 1986, p. 93-104, 1987.

MOREIRA JÚNIOR, Delfim. Entrevista do Ministro Delfim Moreira Júnior, presidente do Tribunal Superior do Trabalho, concedida ao Diário de Notícias, de Porto Alegre. *Revista do Tribunal Superior do Trabalho*, Rio de Janeiro, maio-ago. de 1958, ns. 3-4, p. 7-10, 1958.

MOURA, Raymundo de Souza Moura. A revista do TST. *Revista do Tribunal Superior do Trabalho*, Brasília, ano 1976, p. 9-11, 1977.

NASCIMENTO, Amauri Mascaro. Princípios do Direito Coletivo do Trabalho. *Revista do Tribunal Superior do Trabalho*, São Paulo, ano 1986, p. 167-170, 1987.

NEVES, José Torres das. Discurso do Dr. José Torres das Neves, representante da OAB, Seção DF, saudando os Exmos. Srs. Carlos Alberto Barata Silva e Carlos Coqueijo Torreão da Costa, por ocasião de suas posses nos relevantes cargos de Vice-Presidente e Corregedor-Geral da Justiça do Trabalho, em 18.12.80. *Revista do Tribunal Superior do Trabalho*, São Paulo, ano 1980, p. 194-198, 1981.

PIMENTEL, Marcelo. A Constituição ideal. *Revista do Tribunal Superior do Trabalho*, São Paulo, ano 1987, p. 9-30, 1988a.

_____. Discurso de posse no cargo de presidente do Superior Tribunal do Trabalho. *Revista do Tribunal Superior do Trabalho*, São Paulo, ano 1987, p. 205-216, 1988b.

_____. Conferência proferida na reabertura do 50º Fórum de Debates da Federação do Comércio de Brasília. *Revista do Tribunal Superior do Trabalho*, São Paulo, ano 1988, p. 69-77, 1989.

PUECH, Luiz Roberto Rezende. Discurso do Ministro Rezende Puech, saudando o Ministro Coqueijo Costa. *Revista do Tribunal Superior do Trabalho*, São Paulo, ano 1979, p. 451-457, 1980.

_____. O Direito Coletivo na CLT. *Revista do Tribunal Superior do Trabalho*, São Paulo, ano 1983, p. 60-72, 1984.

ROMITA, Arion Sayão. O Direito Individual do Trabalho e suas tendências. *Revista do Tribunal Superior do Trabalho*, São Paulo, ano 1986, p. 210-214, 1987.

ROSAS, Roberto. Saudação em nome da Ordem dos Advogados do Brasil: discurso proferido por ocasião da posse do Min. Coqueijo Costa no cargo de presidente do Tribunal Superior do Trabalho. *Revista do Tribunal Superior do Trabalho*, São Paulo, ano 1985, p. 211, 1986.

RUSSOMANO, Mozart Victor. Tendências e dificuldades da reforma da CLT. *Revista do Tribunal Superior do Trabalho*, São Paulo, ano 1984, p. 60-68, 1985.

_____. A organização sindical e a futura Constituição. *Revista do Tribunal Superior do Trabalho*, São Paulo, ano 1986, p. 182-190, 1987.

SERRALVO, Amauri. Saudação em nome da Ordem dos Advogados do Brasil, por ocasião da posse do Ministro Marcelo Pimentel, no cargo de Presidente do Superior

Tribunal de Justiça. *Revista do Tribunal Superior do Trabalho*, São Paulo, ano 1987, p. 223-225, 1988.

SILVA, Carlos Alberto Barata. Palavras finais. *Revista do Tribunal Superior do Trabalho*, São Paulo, ano 1983, p. 105-107, 1984.

_____. Greve. *Revista do Tribunal Superior do Trabalho*, São Paulo, ano 1981, p. 13-25, 1982.

_____. Da ordem econômica e social. *Revista do Tribunal Superior do Trabalho*, São Paulo, ano 1985, p. 73-77, 1986.

SILVA, Wilma Nogueira de Araújo Vaz da. O papel do juiz na criação do Direito. *Revista do Tribunal Superior do Trabalho*, São Paulo, ano 1987, p. 131-162, 1988.

SOARES, Geraldo Starling Soares. Discurso proferido pelo Exmo. Sr. Min. Geraldo Starling Soares, na solenidade de posse do Exmos. Srs. Mins. Raymundo de Souza Moura, Carlos Alberto Barata Silva e Carlos Coqueijo Torreão da Costa, respectivamente, nos cargos de Presidente, Vice-Presidente e Corregedor-Geral do TST, em 18.12.80. *Revista do Tribunal Superior do Trabalho*, São Paulo, ano 1980, p. 182-189, 1981.

SÜSSEKIND, Arnaldo. Perspectivas do Direito do Trabalho no Brasil. *Revista do Tribunal Superior do Trabalho*, São Paulo, ano 1979, p. 20-39, 1980.

_____. Quadragésimo aniversário da Consolidação das Leis do Trabalho. *Revista do Tribunal Superior do Trabalho*, São Paulo, ano 1983, p. 12-20, 1984.

_____. A reforma da CLT e os Direitos Individuais do Trabalho. *Revista do Tribunal Superior do Trabalho*, São Paulo, ano 1984, p. 31-41, 1985.

_____. Garantia contra a despedida arbitrária. *Revista do Tribunal Superior do Trabalho*, São Paulo, ano 1987, p. 31-44, 1988.

VIANNA, Segadas. A CLT e o momento atual. *Revista do Tribunal Superior do Trabalho*, São Paulo, ano 1983, p. 80-88, 1984.

## Periódicos

*Revista do Superior Tribunal do Trabalho*. Rio de Janeiro: Imprensa Nacional, n. 1, set.-dez. 1946.

*Revista do Superior Tribunal do Trabalho*. Rio de Janeiro: Imprensa Nacional, n. 1- 2, jan.-jun. 1947.

*Revista do Superior Tribunal do Trabalho*. Rio de Janeiro: Imprensa Nacional, n. 3, jun.-set. 1947.

*Revista do Superior Tribunal do Trabalho*. Rio de Janeiro: Imprensa Nacional, n. 4, out.-dez. 1947.

*Revista do Superior Tribunal do Trabalho*. Rio de Janeiro: Imprensa Nacional, n. 2, mar.-abril. 1948.

*Revista do Superior Tribunal do Trabalho*. Rio de Janeiro: Imprensa Nacional, n. 3, maio-jun. 1948.

*Revista do Superior Tribunal do Trabalho.* Rio de Janeiro: Imprensa Nacional, n. 4, jul.-ago. 1948.

*Revista do Superior Tribunal do Trabalho.* Rio de Janeiro: Imprensa Nacional, n. 5, set.-out. 1948.

*Revista do Superior Tribunal do Trabalho.* Rio de Janeiro: Imprensa Nacional, n. 6, nov.-dez. 1948.

*Revista do Superior Tribunal do Trabalho.* Rio de Janeiro: Imprensa Nacional, n. 1, jan.-fev. 1949.

*Revista do Superior Tribunal do Trabalho.* Rio de Janeiro: Imprensa Nacional, n. 2, mar.-abril. 1949.

*Revista do Superior Tribunal do Trabalho.* Rio de Janeiro: Imprensa Nacional, n. 3, maio-.jun. 1949.

*Revista do Superior Tribunal do Trabalho.* Rio de Janeiro: Imprensa Nacional, n. 4, jul.-ago. 1949.

*Revista do Superior Tribunal do Trabalho.* Rio de Janeiro: Imprensa Nacional, n. 5, set.-out. 1949.

*Revista do Superior Tribunal do Trabalho.* Rio de Janeiro: Imprensa Nacional, n. 6, nov.-dez. 1949.

*Revista do Superior Tribunal do Trabalho.* Rio de Janeiro: Imprensa Nacional, n. 1, jan.-fev. 1950.

*Revista do Superior Tribunal do Trabalho.* Rio de Janeiro: Imprensa Nacional, n. 2, mar.-abr. 1950.

*Revista do Superior Tribunal do Trabalho.* Rio de Janeiro: Imprensa Nacional, n. 3, maio-jun. 1950.

*Revista do Superior Tribunal do Trabalho.* Rio de Janeiro: Imprensa Nacional, n. 4, jul.-ago. 1950.

*Revista do Superior Tribunal do Trabalho.* Rio de Janeiro: Imprensa Nacional, n. 5, set.-out. 1950.

*Revista do Superior Tribunal do Trabalho.* Rio de Janeiro: Imprensa Nacional, n. 6, nov.-dez. 1950.

*Revista do Superior Tribunal do Trabalho.* Rio de Janeiro: Imprensa Nacional, n. 1 - 2, jan.-abr. 1951.

*Revista do Superior Tribunal do Trabalho.* Rio de Janeiro: Imprensa Nacional, n. 3 - 4, maio-ago. 1951.

*Revista do Superior Tribunal do Trabalho.* Rio de Janeiro: Imprensa Nacional, n. 4 - 5, set.-dez. 1951.

*Revista do Superior Tribunal do Trabalho.* Rio de Janeiro: Imprensa Nacional, n. 1, jan.-fev. 1952.

*Revista do Superior Tribunal do Trabalho.* Rio de Janeiro: Imprensa Nacional, n. 2, mar.-abr. 1952.

*Revista do Superior Tribunal do Trabalho.* Rio de Janeiro: Imprensa Nacional, n. 3, maio-jun. 1952.

*Revista do Superior Tribunal do Trabalho.* Rio de Janeiro: Imprensa Nacional, n. 4 - 5, jul.-out. 1952.

*Revista do Superior Tribunal do Trabalho.* Rio de Janeiro: Imprensa Nacional, n. 6, nov.-dez. 1952.

*Revista do Superior Tribunal do Trabalho.* Rio de Janeiro: Imprensa Nacional, n. 1 - 2, jan.-abr. 1953.

*Revista do Superior Tribunal do Trabalho.* Rio de Janeiro: Imprensa Nacional, n. 3, maio-jun. 1953.

*Revista do Superior Tribunal do Trabalho.* Rio de Janeiro: Imprensa Nacional, n. 4, jul.-ago. 1953.

*Revista do Superior Tribunal do Trabalho.* Rio de Janeiro: Imprensa Nacional, n. 5 - 6, set.-dez. 1953.

*Revista do Superior Tribunal do Trabalho.* Rio de Janeiro: Imprensa Nacional, n. 1 - 2, jan.-abril. 1954.

*Revista do Superior Tribunal do Trabalho.* Rio de Janeiro: Imprensa Nacional, n. 3 - 4, maio-ago. 1954.

*Revista do Superior Tribunal do Trabalho.* Rio de Janeiro: Imprensa Nacional, n. 4 - 5, set.-dez. 1954.

*Revista do Superior Tribunal do Trabalho.* Rio de Janeiro: Imprensa Nacional, n. 1 - 2, jan.-abr. 1955.

*Revista do Superior Tribunal do Trabalho.* Rio de Janeiro: Imprensa Nacional, n. 3 - 4, maio-ago. 1955.

*Revista do Superior Tribunal do Trabalho.* Rio de Janeiro: Imprensa Nacional, n. 4 - 5, set.-dez. 1955.

*Revista do Superior Tribunal do Trabalho.* Rio de Janeiro: Imprensa Nacional, n. 1 - 2, jan.-abr. 1956.

*Revista do Superior Tribunal do Trabalho.* Rio de Janeiro: Imprensa Nacional, n. 3 - 4, maio-ago. 1956.

*Revista do Superior Tribunal do Trabalho.* Rio de Janeiro: Imprensa Nacional, n. 4 - 5, set.-dez. 1956.

*Revista do Superior Tribunal do Trabalho.* Rio de Janeiro: Imprensa Nacional, n. 1 - 6, jan.-dez. 1957.

*Revista do Superior Tribunal do Trabalho.* Rio de Janeiro: Imprensa Nacional, n. 1 - 2, jan.-abr. 1958.

*Revista do Superior Tribunal do Trabalho.* Rio de Janeiro: Imprensa Nacional, n. 3 - 4, maio-ago. 1958.

*Revista do Superior Tribunal do Trabalho.* Rio de Janeiro: Imprensa Nacional, n. 4 - 5, set.-dez. 1958.

*Revista do Superior Tribunal do Trabalho*. Rio de Janeiro: Imprensa Nacional, n. 1 - 6, jan.-dez. 1959.

*Revista do Superior Tribunal do Trabalho*. Rio de Janeiro: Imprensa Nacional, n. 1 - 6, jan.-dez. 1960.

*Revista do Superior Tribunal do Trabalho*. Rio de Janeiro: Imprensa Nacional, n. 1 - 6, jan.-dez. 1961.

*Revista do Superior Tribunal do Trabalho*. Rio de Janeiro: Imprensa Nacional, período de 1962 a 1966, 1968.

*Revista do Superior Tribunal do Trabalho*. Rio de Janeiro: Imprensa Nacional, período de 1967 a 1968.

*Revista do Superior Tribunal do Trabalho*. Rio de Janeiro: Imprensa Nacional, ano 1969.

*Revista do Superior Tribunal do Trabalho*. Brasília: Imprensa Nacional, ano 1970.

*Revista do Superior Tribunal do Trabalho*. Brasília: Imprensa Nacional, ano 1970.

*Revista do Superior Tribunal do Trabalho*. Brasília: Imprensa Nacional, anos 1971, 1972.

*Revista do Superior Tribunal do Trabalho*. Brasília: Imprensa Nacional, anos 1972, 1973.

*Revista do Superior Tribunal do Trabalho*. Brasília: Imprensa Nacional, anos 1973-1974, 1975.

*Revista do Superior Tribunal do Trabalho*. São Paulo: LTr, ano 1975, 1975.

*Revista do Superior Tribunal do Trabalho*. São Paulo: LTr, ano 1976, 1977.

*Revista do Superior Tribunal do Trabalho*. São Paulo: LTr, ano 1977, 1978.

*Revista do Superior Tribunal do Trabalho*. São Paulo: LTr, ano 1978, 1979.

*Revista do Superior Tribunal do Trabalho*. São Paulo: LTr, ano 1979, 1980.

*Revista do Superior Tribunal do Trabalho*. São Paulo: LTr, ano 1980, 1981.

*Revista do Superior Tribunal do Trabalho*. São Paulo: LTr, ano 1981, 1982.

*Revista do Superior Tribunal do Trabalho*. São Paulo: LTr, ano 1982, 1983.

*Revista do Superior Tribunal do Trabalho*. São Paulo: LTr, ano 1983, 1984.

*Revista do Superior Tribunal do Trabalho*. São Paulo: LTr, ano 1984, 1985.

*Revista do Superior Tribunal do Trabalho*. São Paulo: LTr, ano 1985, 1986.

*Revista do Superior Tribunal do Trabalho*. São Paulo: LTr, ano 1986, 1987.

*Revista do Superior Tribunal do Trabalho*. São Paulo: LTr, ano 1987, 1988.

*Revista do Superior Tribunal do Trabalho*. São Paulo: LTr, ano 1988, 1989.